5歳からでも間に合う

お金をかけずにわが子を バイリンガル にする方法

プリスクール リリパット代表

平川 裕貴 Yuki Hirakawa

彩図社

はじめに

もう何年も前から、子どもに習わせたいお稽古ごとの1位が、ピアノやスイミングを抜いて英会話になっています。

習わせたいという理由は、

「自分が英語ができずに苦労しているので子どもには同じ思いをさせたくない」

「国際感覚を身に付け、世界の人とコミュニケーションを取れるようになってほしい」

さらに、

「就職しても英語ができないと仕事ができない時代になっている」

という厳しいものも。

たしかに、日本の大企業では、外国人従業員が全社員の半数以上を占めているとか、社内公用語を英語にするというところがあり、また日本から飛び出して海外の企業に就職する人も増えています。

これだけの国際化社会になっていることを考えると、英会話は、すでに趣味や教養といったものではなく、必要不可欠なスキルになっているといっても過言ではないでしょう。

でも、残念ながら、まだ学校での英語教育では、英会話はできるようになりません。

仕事に必要だからと、大人になってから英会話を学び始めても、外国人と自由に話せるだけの英会話力を身に付けようと思ったら、多大な時間と費用はもちろん、仕事で疲れ切った身体に鞭打っての学習になりますから、本人の強い意志と努力が必要になります。

一方、常に英語が耳に入る自然な英語環境を与えられた幼児は、勉強しているなどと意識することなく、いとも簡単に英会話を身に付けています。

実際私は、英語のＤＶＤを見てケラケラ笑い、友達同士英語でジョークを言い合い、英語で喧嘩する日本人の幼稚園児に囲まれて仕事をしています。

中・高・大と10年近く英語を学んできた私の英会話力を、４、５歳の子どもが、短期間に軽々と超えていくのを日々目の当たりにしています。

私は、１９７１年に日本航空に入社し、国際線に乗務していたのですが、その時外国人のお客様から聞く英語が、学校で習った英語とあまりにも違うことにショックを受け、英語教育に関心を持ち始めました。

長い間英語を勉強した割には、外国人と話せるような会話力が身に付かない。

「何のために英語を学ぶんだろう？」

「日本の英語教育は何かおかしいんじゃない？」

「どうしたら話せるようになるのだろう？」

と考え、やがて、

「話せる英語を身に付けさせるような教育に取り組みたい」

「それには幼児期から始めるしかない」

と考えるようになっていったのです。

もともとキャビンアテンダント（当時はスチュワーデスといっていました）か、教師になりたいと思っていたくらいですから、教えることに興味もありました。父方にも母方にも親戚に教師が多かったことも影響しているかもしれません。

そんな時、日本航空を退社後勤めていた外資系の英語教材販売会社が、なんと子ども向けの英語スクールを始めることになったのです。

私はそこでマネージャーとして、外国人講師の採用や、カリキュラムの作成に携わることになりました。

天職と思えた仕事でしたが、子どもの英語教育への思いはさらに大きくなり、自分の理想の教室を創ろうと夫と会社を興して、1988年に、外国人講師による子ども英会話スクールを、大阪と神戸に開校しました。

現在は、より英語教育の成果を実感でき、また人間教育に適した年齢でもある幼児（3～6歳）に対象を絞った、英語で過ごす幼稚園型スクールを経営し、幅広い視野と人に対する思いやりを持ったバイリンガルを育てています。

さて、私の紹介はこのあたりにして、日本では、2020年の東京オリンピックの開催も決まり、「世界中から人がやってくるぞ。さあ大変！」とばかり、新たな英語ブームが起ころうとしています。

国もいよいよ英語教育に本腰を入れ始めています。

英語教育の改善策について検討している文部科学省の有識者会議は、2018年を目途に、小学5年生から英語を正式教科として教えることや、現在5年生から行っている小学校の外国語活動を3年生からに前倒しすることなどを提言しています。今後さらに前倒しになる可能性もあります。

また、「英語をつかって何ができるようになったか」という観点で成績を評価する、大学入試では「聞く」「話す」能力も重視するなど「アジアトップクラスの英語力を目指す」としています。

今後中学校や高校では英語による授業が増えることになるでしょう。実際私立の学校では英語のみならず、他の教科も英語で授業を行うというところも出てきています。

さらに、国際的に通用する人材を育てるために、国際バカロレアというプログラムが導入されることは、大きな話題になりました。

この国際バカロレアは、1章で詳しくお話ししますが、もともとは外交官や国際機関で働く人達の子女のために、世界のどこの国で学んでも同じ基準で学力を判定できるように考えられたもので、このプログラムを修了し所定の成績を収めれば国際的に認められる大学入学資格を得ることができます。国際バカロレアの日本における認定校は、2014年6月現在でまだ27校と少ないですが、今後さらに増えていくと思います。

これらの教育改革により、今後ますます高度な英語教育が行われるようになるでしょう。

さて、これまでの話で、これからの日本では、英語がますます欠かせないものになっていくことは、お分かりいただけたと思います。

ただ、英語の必要性は十分感じているし、英語の早期教育にも関心がありながらも、情報がなく、または情報があり過ぎて、実際には「どう教育したらいいのか分からない」というご両親は多いのではないでしょうか。

また、この不景気で子どもの習い事にそこまでお金をかけることは難しいと感じているご家庭もあるでしょう。

私は、サラリーマン時代も含めると、もう30年以上にわたり、2歳から18歳までの英語を学ぶ子どもたちを、延べ人数でいうと何万人と見てきたことになります。

生徒たちの中には、最初からスンナリ英語に馴染む子もいましたし、慣れるまでに時間がかかった子、聞いたまま間違いを気にせずどんどん口に出せる子もいれば、しっかり自信をつけないとしゃべらない子もいました。

本書では、長年現場の第一線で、何万人という子ども達を見てきた中から導き出した、本当に子どもが英語を身に付けることができ、実際に多くの子ども達が喜んで学び、効果があったと思えるものの中から、ご家庭でも簡単にできる方法ばかりをまとめました。

英語教育に関するさまざまな疑問や不安に対する回答からはじまり、家庭での英語学習方法、You Tubeを利用した自宅でお金をかけずにできる学習方法、英会話教室や英語講師の選び方のポイント、メリット・デメリット、最後には家庭で使える簡単英会話も紹介しています。

また、この本は、幼児期の子どもを持つご家庭を対象に、できるだけ分かりやすく情報をお伝えし、英語が得意なご両親でなくても、お金をあまりかけなくても実践できる方法を厳選して書きました。

とくに、これから小学校での英語学習を控えている5歳前後の子どもがいて今から英語を学ばせたいけれど、周りの家の子ども達はもっと幼いうちから始めているので焦りを感じている親御さん、またはまったく英語学習のやり方が分からないので一から知りたいと考えている親御さんのお役に立てるのではないかと思います。

また、公平かつ公正に、自社並びに特定のどこかの宣伝や利益のためでなく、純粋に子ども達の成長を願って書きました。

この本が、ご家庭での英語教育に役立つことを心から願っています。

平川　裕貴

5歳からでも間に合う　お金をかけずにわが子をバイリンガルにする方法　目次

はじめに …… 2

第1章
バイリンガル教育で子どもの可能性を広げてあげよう

最初に早期英語教育についての不安を解消しよう …… 18
＊幼児期から英語を学んで日本語に影響はないの？
＊なぜ幼児期から学ぶのがいいの？
＊5歳からでも間に合うの？
＊親が英語を話せなくても大丈夫？

英語が今後ますます重要になっていく理由 …… 32
＊文部科学省が打ち出した「教育のグローバル化」
＊国際バカロレアという教育プログラムの導入
＊MOOC（ムーク）という教育革命が始まっている
＊英語が必要なのは大企業だけではない
＊医学も科学も物理も英語で語られる

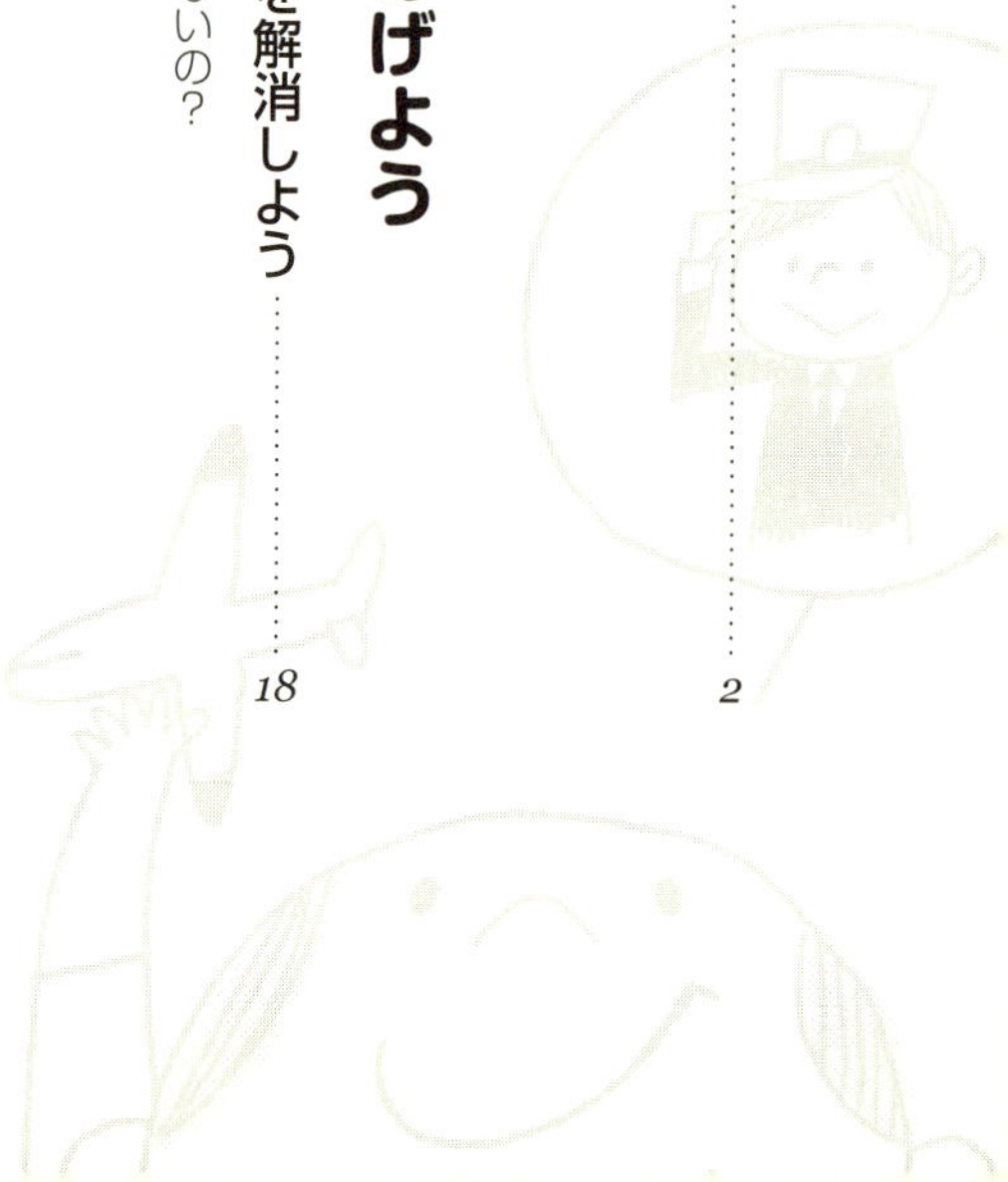

子どもがバイリンガルになるとこんなメリットがある……44
＊異文化を理解でき、広い視野で物事を判断できる
＊学校や職業の選択肢が広がる
＊バイリンガルのさらに意外なメリット

第2章 お金をかけずに自宅でバイリンガルを育てる方法 ～インプット・アウトプット編～

学習を始める前に……52
＊「インプット」と「アウトプット」という考え方
できるだけたくさん「インプット」する方法……55
＊英語放送や英語CDのかけ流しで英語の世界の扉を開けよう
＊英語のDVDやテレビで英語の世界を楽しもう
＊英語絵本の読み聞かせで英語の世界を広げよう
＊英語のポスターや単語カードで視覚に訴えよう
＊市販の教材を利用するのも手

スムーズにアウトプットさせる方法……70
＊英語の遊び歌をアクションしながら歌おう
＊絵本を声に出して読もう
＊ネイティブの英語を声に出して真似して（リピートして）みよう
＊覚えたセリフ（会話）をどんどん使ってみよう
＊遊び心いっぱいの欧米のワークブックを使ってみよう

第3章

お金をかけずに自宅でバイリンガルを育てる方法 ～楽しく学べるアイテム編～

家庭でできる、お金をかけずにバイリンガルを育てる方法……92
＊英語サイトを利用しよう
＊You Tube の英語レッスンやアニメや歌を利用しよう
＊You Tube をダウンロードしてテレビで見る方法
＊発音を気にせず親も楽しんで英語で語りかけよう
＊親子でできる簡単ゲームで遊んでみよう
＊マッチングゲーム

＊ジェスチャーゲーム
＊ゲッシングゲーム
＊ボードゲーム
＊英語でカードを書いてみよう

欧米のイベントを楽しもう……118
＊Easter　イースター
＊Halloween　ハロウィーン
＊Thanksgiving Day　サンクスギビングデー
＊Christmas　クリスマス

家庭学習の注意点と心構え……128
＊山と積まれた教材は親にも子にもプレッシャー！
＊教材は子どもの好みに合わせること
＊できなくてもけなしてはダメ！　できたことを褒めよう
＊習慣づけるためにご褒美も活用しよう

家庭での学習はどんなふうに取り組めばいいの？……134
＊1日の学習スケジュール
＊年間の学習スケジュール

第4章 英語スクールに通わせるなら

英語スクールに通わせるなら …… 140

＊英語・英会話教室のタイプ
＊外国人講師か日本人講師か
＊子どもに向いている先生の見分け方
＊体験専用の先生に気をつけて
＊子どもに合う教室の見極め方

英語プリスクール …… 155

＊英語プリスクールって？
＊プリスクールの効果と費用

オンライン英語スクール …… 161

＊オンライン英会話って？
＊費用と注意点

インターナショナルスクール …… 165

＊確実にバイリンガルになれるインターナショナルスクール

* インターナショナルスクールの問題点と費用

スクール学習の注意点と心構え …… 169

* 子どもの耳のほうが正しい！　発音の強制はダメ
* 何を習ってきたのかと根ほり葉ほり聞かないで！
* 目先の成果や結果を要求してはいけない！

第5章 英語学習を成功させるために

目標や夢を持たせる方法 …… 176

* 「英語能力試験」を段階的目標設定に利用する
* 将来のホームステイや留学を夢にする

英語学習を成功させるために …… 185

* 親の目的と子どもの性格を見極めることが大切
* 「英語ができるとこんないいことがある」と常に動機づけをする
* たとえ20分でも毎日英語に触れることを習慣にしよう

* 英語習得の鍵はスパイラル学習
* やる気を維持させるちょっとしたコツ
* 「好きこそものの上手なれ」成功の最大の秘訣
* ローマ字を習い出した時の対処法

第6章 とっさに言ってあげたい英語の一言&簡単英会話

英語が苦手なご両親のための簡単英会話 …… 199

日常生活で言ってあげたいとっさの一言 …… 207

おわりに …… 214

本書に登場した本・教材・サイト・You Tube一覧 …… 218

第1章

バイリンガル教育で子どもの可能性を広げてあげよう

最初に早期英語教育についての不安を解消しよう

A 幼児期から英語を学んで日本語に影響はないの？

早期英語教育について語るとき、必ず言われることがあります。

「英語よりまず日本語だろ！」

「日本語も分からないうちに英語なんかやったら、子どもが混乱する！」

「英語も日本語も中途半端になる！」

中には英語や欧米と言っただけで、アレルギー反応を起こす人もいます。私も「欧米かぶれ」などと言われたことは一度や二度ではありません。

ですが、「幼児期から英語を学んで日本語に影響はないのか？」の質問には、はっきり「ノー」と答えます。

私の30年以上に亘る英語教育の経験の中で、小さいうちから英語を学んだために、日本語が不自由になったという話は一度も聞いたことがありません。

バイリンガル教育が悪影響を及ぼすことはないのは、ヨーロッパの人たちを見ればよく分かります。ヨーロッパでは2か国語どころか、3か国語4か国語を話す人も決して珍しくありません。かつて神戸に住んでいた友人のドイツ人は、母国語のドイツ語以外に、英語はもちろん、フランス語とオランダ語も話せると言っていました。そして、それは自分の国では別に珍しいことではないとも。

国境を接している隣国の言葉が自然に耳に入ってくる環境にいるからなのですね。そういう国の人達が、母国語がおろそかになっているとか、混乱しているなどという話は聞いたことがありません。人間の脳は順応性に優れ、そんなに柔ではないのです。

私のスクールの3～6歳の子ども達も、スクールではほとんど英語で過ごしますが、日本語も当然ですがペラペラです。近所の子と遊ぶ時は日本語ですし、私が知らないような虫の名前をいっぱい知っている子もいます。お迎えのお母さんと話している子どもの日本語は、日本の幼稚園に行っている子とまったく変わりません。

また、神戸にカナディアンスクールというインターナショナルスクールがあり、かつて私の知り合いの子ども達もそこに通っていました。その子ども達は片親が外国人で片親は日本人でしたが、学校では完全に英語を話し、自宅では日本人である片親とは日本語で会話をするという生活でした。

彼らは、日本の子ども達よりずっときれいな言葉遣いで、礼儀正しい日本語を使っていました。語彙の豊富さも日本の学校へ通う子どもと変わりませんでした。むしろ丁寧な言葉遣いができるという点では、彼らの方が上でした。意識して日本語を学んでいるから、きれいな言葉になるのかもしれません。

彼らは今、日本語と英語のバイリンガルであることを生かして、日本を飛び出して外国の企業で活躍しています。

バイリンガル教育の問題点を語るときに、帰国子女が抱えるアイデンティティの喪失による精神的混乱や日本語が不自由になるという問題について言及する人もいます。

帰国子女の場合は、24時間英語しか聞こえない環境の中で生活し、日本語を聞く時間はごくごく限られます。しかも文化も習慣も価値観も全く違う環境に突然放り込まれるわけですから、言葉だけではない様々なカルチャーショックを受けることになります。

一方日本でバイリンガル教育を行う場合は、24時間日本語を聞く環境の中で、一部英語を聴く、使うという生活になります。しかも周りの人達はほとんど同じ文化的背景を持って生活する人達です。

帰国子女が遭遇する環境とは根本的に違いますので、帰国子女が抱えるような問題点を、日本でのバイリンガル教育で危惧する必要は、まったくありません。

もちろん、まだ家庭で過ごす時間が圧倒的に多く、外で遊ぶことも少ない1～3歳児が英語中心の生活をしている場合には、一時的に日本語での反応が悪かったり、日本語の語彙が少ないということはあるでしょう。

でも、日本に住んでいる限り、幼稚園に行きだしたりして他の子達と関わりを持つようになると、日本語はアッと言う間に身に付きます。英語がペラペラだった帰国子女でも、帰国するとたちまち日本語しか話さなくなるくらいですから、5、6歳になっても日本語が不自由などということはありません。

早くから英語のみでの育児を始めたお母さんは、3歳児検診で日本語がおぼつかないことで、知能に問題があると判断されてしまわないかと不安になることもあるようです。

そのような場合は、3歳児検診の時には、「今英語も聞き取れる耳を作るために、英語に力を入れています。そのため、現時点では日本語力が劣っているかもしれません」とはっきり伝えるといいと思います。

なぜ幼児期から学ぶのがいいの?

また、私が子どものうちからの英語学習を勧めるのには訳があります。

これまでの様々な科学的研究、そして私自身の経験から得た確信から言うと、幼児期から英語を学ぶのがいい最大の理由は、「聞き取り(耳の訓練)」と「発音(口の動き)」で、圧倒的な効果が出るからです。

科学的研究では、リスニングに関しては、10~12歳頃といわれる耳の臨界期を過ぎると、母国語にない音が聞き取れなくなるといわれています。臨界期というのは、母国語にない音を聞き取れるぎりぎりの限界と考えてください。

その限界前の幼児は、どこの国の言葉でも聞き取れる能力を持っているのです。

例えば、英語と日本語では音の特徴も発声の仕方も全く違い、音声周波数は日本語は1

５００ヘルツ以下、英語は２０００〜１万５０００ヘルツといわれます。周波数とは振動数のことで、こうして数字だけを見ても、英語と日本語は全く違うと分かりますね。

ちなみに、ロシア語は１２５〜８０００ヘルツ、中国語はアメリカ英語とほぼ同じだと言われていますので、ロシア人や中国人は比較的英語を習得しやすいと言えそうです。

また、フランス語は１０００〜２０００ヘルツ、韓国語は、日本語よりやや広い程度らしいので、フランス人や韓国人は日本人同様、あまり英語が得意ではないかもしれません。

フランス人は母国語に対するプライドが高くて英語を話さないとよくいわれますが、うがった見方をすれば、英語が苦手な国民だということを分かっていたのかもしれません。

口の動きに関して言えば、英語と日本語では、音素の数も音の出し方も全く違います。音素の数は、日本語は24個、英語は44個から51個といわれますので、英語には日本語の倍以

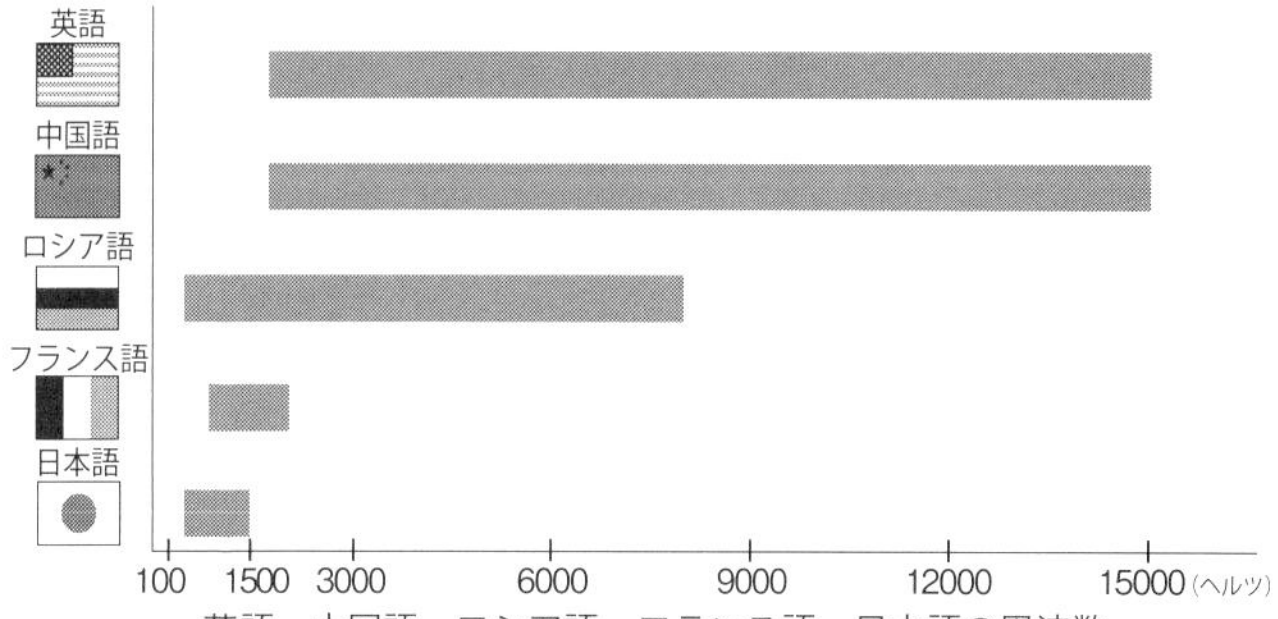

英語、中国語、ロシア語、フランス語、日本語の周波数

上の音があるのです。

私たちは英語をまず、「A（エイ）B（ビー）C（スィー）」と習い始めますが、この読み方では英語の音の特徴がよく分かりませんね。

でも、それぞれの音をフォニックス（発音記号）で発音してみると、アルファベットの音の1つ1つが超個性的で、日本語とは全く違う発声法だと分かります。

分かりやすく言うと、日本語は音の後ろに必ず母音が付き、1つ1つをほぼ同じ長さと強さで発音し、口をあまり動かさなくても発音はできます。

英語の場合はそうはいきません。口を動かさずに発音することは100％不可能です。試しに次の単語を発音記号で言ってみてください。そうするとよく分かると思います。

例 cat 【kæt】

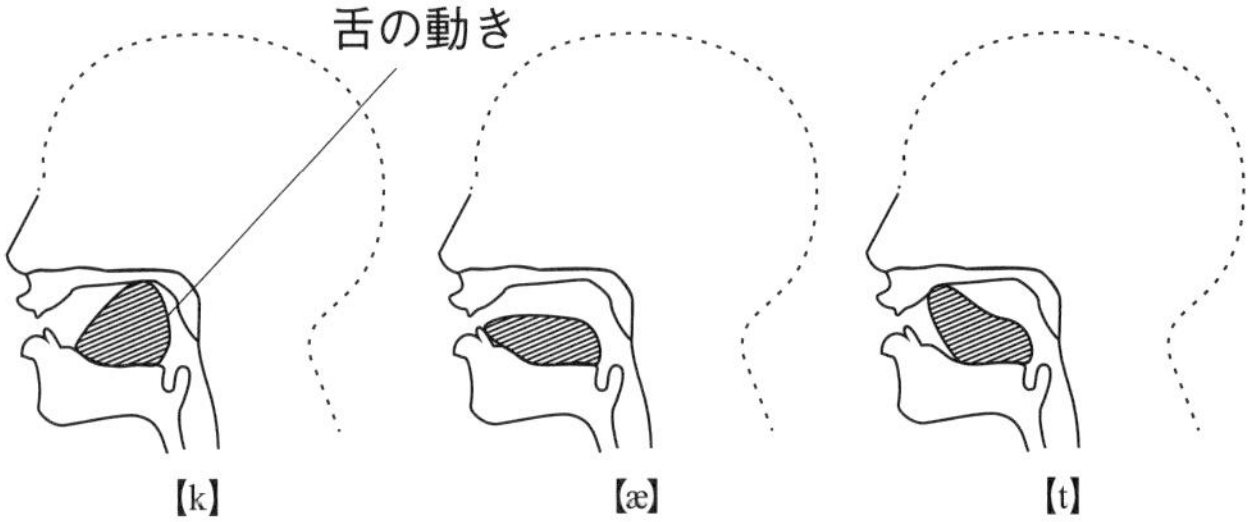

catと発音するための口の動かし方

いかがですか？ 口の動きがまったく違うことを実感できたのではないでしょうか。特に日本語にない音を発音するのは、普段使っていない筋肉を動かすことになりますから難しいですね。

英語圏の人が表情豊かに見えるのは、目鼻立ちがはっきりしているうえに、口を思い切り使って発音するからでしょう。

聞き取れない音は発音できないといわれます。幼児期から始めた方がいいのは、日本語にない音をまだ聞き取れるから、そして、日本語と全く違う口の動きを、まだ覚えられるからです。

一度身体で覚えたことはなかなか忘れません。私も小学生の頃に1年だけソロバンをやりましたが、たった1年やっただけで、いまだに指の動きは覚えています。

すなわち、幅広い音を聞き取ることができる幼児期に、できるだけ英語を聞かせて、日本語とは違う周波数の音を聞き取る訓練をすること。

そして、英語を発音するときの口の動きをしっかり覚えさせておくことが、早期英語学習の効果を考える上でとても重要になってくるのです。

A 5歳からでも間に合うの？

ここまで読んでいただいた方は、英語教育は子どものうちから始めても問題ないこと、むしろ幼児期から行った方がいいということをご理解いただけたと思います。

ところで、周りのお子さんが大分早いうちから英語教育を受けている場合、うちの子はまだ間に合うのかと不安に思うこともあるでしょう。

先ほど、耳の臨界期は10～12歳とお話ししましたが、正直に言ってしまうと、英語学習の効果だけを取り上げるなら、0歳から始めた方がいいでしょう。さらに言うなら、お母さんのおなかの中にいる時からです。

妊娠中からできる子どもの英語学習があるのかと驚かれるかもしれませんが、ただお母さんが英語学習をすればいいだけです。

お母さんを焦らせるつもりはまったくありません。赤ちゃんがおなかの中にいるうちから、英語の音に慣れさせることができるかもということです。

カナダのブリティッシュコロンビア大学幼児研究センターのレポートでは、

「2か国語を話す家庭で育てられている赤ちゃんは、子宮にいた時に聞いた2つの言語に、生まれた時から好反応を示し、各言語を容易に判別することができる。さらに2か国語の家庭で育つ乳児は、赤ちゃんが1つの言語を学ぶ時と同じように、2つの言語の文法を習得しており、たとえ英語と日本語のように、互いに全く異なる言語であっても変わらない」

という研究結果を発表しています。

また、NHKの「ためしてガッテン」という番組では、おなかの赤ちゃんにどれくらい外界の音が聞こえているかという実験をしていました。

それによると、外界の音はほとんど聞こえていないそうです。残念ながら英語のCDを流していても、おなかの中の赤ちゃんには聞こえていないということですね。

でも、お母さんの声だけは聞こえていたのです。

ですから、お母さんが日本語を話せば日本語を、英語を話せば英語を、赤ちゃんは聞いて育つことになります。お母さんが英語を声に出して練習すれば、赤ちゃんにも聞こえるというわけです。

ですが、安心してください。小学校に上がる前の子どもの耳はまだまだ柔軟です。

5歳前後になっていてももちろん大丈夫です。

言語獲得の臨界期については、耳が母国語に固まってしまうのは8歳前後だとか、12歳前後だとか諸説あります。

帰国子女を対象にした調査で、8歳くらいまでに海外で生活した子と、8歳以降に海外で暮らした子では、聞き取り能力に差があるといわれています。

例えば、3歳、8歳、15歳という兄弟が海外生活を同時に始めれば、まず英語を覚えるのは3歳の子でしょう。それから8歳の子が覚え、15歳の子が一番苦労することになります。

ただ、これは個人差もあります。実際に大人になってから英語を学んだ人でも、バイリンガルDJとして有名で、英語教材も制作されていた小林克也さんのように、留学経験もなく完璧な発音を身に付けた人もいますから、臨界期を過ぎたからといって不可能ということではありません。

特に、子どもが今5歳くらいなら、好奇心も旺盛ですし、まだまだ耳もやわらかいので、英語学習を始めるチャンスです。

それに、小学校へ行き始めると、いろいろな教科を学ぶようになり、時間的にも、気持ちの上でも余裕がなくなります。スポーツを始めると練習や試合やと、さらに忙しくなるでしょう。

しかも、小学校で英語が1つの教科になると、義務としてやらなければならないものになってしまいますから、面白くなくなってしまうかもしれません。小学校で英語が始まる前に、英語って楽しい、面白いと興味を持たせておくと、小学校の英語の授業にもスムーズに馴染めるでしょう。

親が英語を話せなくても大丈夫？

私の経験上、英語育児をされる方は、自分が英語が得意だったとか好きだった人が圧倒的に多いようです。英語が苦手な方は、はなから無理だと諦めてしまう傾向にあります。

ですが、お母さんお父さんご自身が英語が苦手だからといって諦める必要はありません。

完全なインターナショナルスクールに行かせるなどという場合は、通信物もすべて英語ということもありますから、正直英語ができないご両親にはきついと思います。

それ以外なら、子どもに英語学習をさせるのに、親の英語力は絶対に必要な条件ではありません。当然ながら、できるのに越したことはありませんが、英語ができない親のほうが、英語を学ぶ子どもの気持ちを分かってあげられるかもしれません。

私のスクールは、開校以来ずっとネイティブスピーカーの先生が教えるというシステムを取っていますが、日本に来たばかりの外国人は、日本の子ども達が、何が分からないのかが分からないのです。

だって、自分たちは何の苦労もせずに英語を身に付け話していますからね。

親が英語で苦労したとか悔しい思いをしたとかである方が、むしろ英語堪能な親より熱心に、子どもの英語教育に取り組めるかもしれません。

5歳くらいの子どもが学ぶ英語は、日常生活の基本中の基本です。舌をかみそうな難しい単語や、何を言っているのかさっぱり分からないような長いセンテンスもありません。

今は大人が見ても楽しい英語のＤＶＤや絵本などがありますから、英語が苦手なご両親はぜひ一緒に学んでください。

余談ですが、以前電車の中で、大学教授と思しき年配の2人の男性の、こんな会話が漏れ聞こえてきました。

２人とも、研究のため1年ほど海外で過ごした経験があって、その時の話をしていました。

「いやぁ、アメリカでは英語で苦労しましたわ。論文を書くような難しい単語はいくらでも知っているのに、スーパーでなすびを買おうと思っても、なすびって単語が出てこんのですわ。向こうのスーパーは馬鹿でかいから、探すのに苦労しました」

「そうですなぁ。私も向こうのスーパーで下着を買おうと思って、パンツはどこかと聞いたら、ズボン売り場に連れていかれて、いやこれじゃなくてパンツだって何度言っても結局通じなくて、探しまくって買いましたよ」

親が英語を話せなくても大丈夫！

英語で論文を書くような大学教授だって日常会話は苦手なのです。

ちなみに、なすびは英語で eggplant（アメリカのなすびは卵のような形です）、またアメリカでパンツと言えばズボンのことなのです。下着は underwear ですが、最近は undies と言うようです。なんでも縮めて短く言うのは、メール文化のせいでしょうか。

英語が今後ますます重要になっていく理由

文部科学省が打ち出した「教育のグローバル化」

私が英会話スクールを始めたのは１９８８年のこと。その時すでに、「英語の必要性は30年も前から言われている」とお母さんたちに説明していました。先見の明を持った先人たちが、60年以上も前から英語の必要性を訴えていたということですね。

ですから、私がスクールを始めた時には、あと30年もしたら、学校教育が変わって、学校教育で英語が話せるようになっていくだろう、という希望的観測を持っていました。

ところが、現状はどうでしょう。なかなか授業だけで英語が話せるようになったという話は耳にしません。

残念ながら観測は外れたか……と思っていましたら、ようやく国が動き出しました。

「グローバル人材の育成」を政策の中に入れ、「教育の国際化」に力を入れ始めたのです。

まずは、大学入試制度の改革。これまでの知識詰め込み型教育からの脱却をはかるために、2018年を目途に、一発勝負型の「大学入試センター試験」の廃止を決定したのです。

国はセンター試験の代わりに、「基礎テスト」と「発展テスト」からなる「達成度テスト(仮称)」を導入します。「基礎テスト」は、高校での学習習熟度を把握して、現場での指導に生かすことが目的、一方の「発展テスト」は、各大学が求める学力の判定に使用され、言ってみれば、大学の受験資格のような位置づけです。

何が大きく変わるのかというと、この「発展テスト」の結果だけで合否が決定するわけではないということ。大学は、この「発展テスト」に加えて、面接や論文、奉仕活動や課外活動の実績など

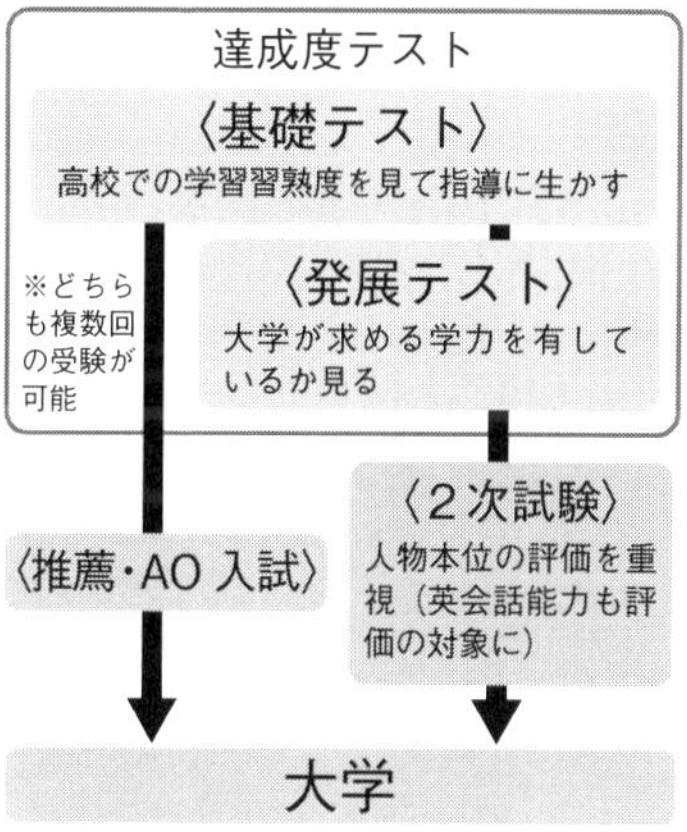

到達テストの仕組み

も評価し、総合的に合否を決めるというのです。

そしてこの評価基準には、英会話能力も含まれています。文部科学省は、大学入試には「読む」「書く」「聞く」「話す」の４つの能力を測れるＴＯＥＦＬ（トーフル）などの外部試験を積極的に活用するとしているのです。

国際バカロレアという教育プログラムの導入

また、「国際バカロレア」という教育プログラムの導入も始っています。

２０１３年に導入が決まったばかりの教育プログラムですから、聞いたことがないというご両親も多いと思います。

そこで、東京インターナショナルスクール代表で、国際バカロレア機構アジア太平洋地区理事の坪谷ニュウエル郁子さんの著書『世界で生きるチカラ――国際バカロレアが子どもたちを強くする』（ダイヤモンド社）から、国際バカロレアについてご説明しましょう。

実は、この坪谷さんの本を読んで、鳥肌が立つほど驚きました。

坪谷さんと私の考えがあまりにも似ていたからです。

本当にやりたいことは、子ども達に英語を教えることではなく、英語をツールとして人間教育を行うこと、そのため英語だけを教える語学学校に飽き足らず幼稚園を作ったという経緯など、まるで自分のことかと思うくらい似ていました。

ちょっと話がそれましたが、国際バカロレアについて前記著書からの説明です。

国際バカロレアは1968年にスイスで設立された非営利団体、国際バカロレア機構によって運営されている、3歳から19歳までの総合的な教育プログラムです。

3歳～12歳までを対象としたプライマリ・イヤーズ・プログラム（以下、ＰＹＰ）、11歳～16歳までのミドル・イヤーズ・プログラム（以下、ＭＹＰ）、16歳～19歳までのディプロマ・プログラム（以下、ＤＰ）の三段階に分かれています。おおまかにいえば、ＰＹＰは日本でいう幼稚園・小学校、ＭＹＰは中学校、ＤＰは高校に当たります。

（中略）１つの国に偏った教育ではなく、世界統一学力、世界統一試験を作ろうとしたのが、国際バカロレアの始まりです。

なんとなくお分かりになりましたか？

要するに、どこの国で学ぼうと、同じ基準で学力その他が評価される仕組みであり、そのためのプログラムであるということです。国際バカロレアを修了した生徒には世界共通の大学入学資格と成績証明書を与えられます。

国際バカロレアは元々、外交官や駐在員、国連の職員など世界的に転勤をする人の子どものために設立されました。赴任先や駐在先の国でインターナショナルスクールを卒業した後、どこの国の大学でも進学先として選択できるようにするためです。そして現在では、世界に通用する子どもを育てることができるプログラムとして注目を集めています。

また、「国際バカロレア」が素晴らしいと思うのは、学力だけを重視するのではなく、人間力を育むための幅広い教養と知識を身に付けることを求めていることです。

世界のあらゆる国の人たちと交流するためには、異文化を理解し多様性を認めることや、コミュニケーション能力が必要とされるということは容易に想像できますね。

国際バカロレアが目指すのは、「全人教育」であり、平和な世界の創造のために、探求心旺盛で、聡明かつ思いやりのある若者を育成することを目標にしているということです。

国際バカロレアは、日本でもインターナショナルスクールやバイリンガル教育に力を注いでいる私立校などで導入が始まっており、すでにハーバード大学やエール大学をはじめとする海外の一流大学への進学者がでています。今後もますます国際バカロレア認定校は増えて行くことでしょう。

そうなれば日本の若者も、自分の学力を世界基準で知ることができるようになり、海外の大学に進学するという選択がたやすくなります。また、広く世界に目を向けて、国際的に活躍する日本人がグッと増えるかもしれません。

なお、国際バカロレアについて、もっと詳しくお知りになりたい方は、先の著書にとても分かりやすく書かれていますので、参考になさってください。

MOOC（ムーク）という教育革命が始まっている

「国際バカロレアが素晴らしいのは分かるけど、海外の大学に留学するなんて経済的にとても無理。関係のない話だわ」

そう思われた親御さん、どうか諦めないでくださいね。

実は、アメリカの有名大学の授業が無料で受講できるＭＯＯＣという画期的な教育革命がすでに始まっているのです。

ＭＯＯＣとはMassive Open Online Course（マッシブオープンオンラインコース）の略で大規模オンライン講座と訳されています。

これまでのオンライン講座と違って、ただ録画された授業を傍聴して終わりというわけではなく、講師に質問したりほかの受講者とディスカッションしたり、課題を提出することによって、修了証書ももらえるのです。また、オンラインのみでも学位が取得できるようにしようという動きも出始めています。

インターネットを通じての授業ですから、ネット環境と英語さえできれば、ハーバード大学やマサチュセット工科大学、スタンフォード大学といった一流大学の教授の授業を無料で受けることができるのです。

実際、アジアやアフリカなどの貧しい若者がこの授業を受け、成績優秀者はアメリカの有名大学に無償で入学したり、大企業に引き抜かれたりしています。

ＭＯＯＣの登場で、アメリカでは今後50年以内に、今ある大学の半数がなくなるだろうといわれています。日本でもＪＭＯＯＣ（日本オープンオンライン教育推進協議会）が２

013年10月に設立されました。いずれ日本の大学も淘汰されていくことになるでしょう。

MOOCは、富める者にも貧しい者にも平等に教育を与えられるという点や、世界中の若者が、国や文化や宗教の違いを乗り越えて、ともに学べるという点で、本当に画期的な改革だと思います。いつか、ともに学んだ若い人達が、地球市民として、一致団結して争いのない平和な世界を築いてくれるかもしれません。

ただし、別の見方をするならば、誰もが無料で学べるということになれば、世界中の若者が仲間であると同時にライバルとなってしまうわけです。日本人も恵まれた環境に甘えることなく頑張らねばと思います。


子どもが就学前のご両親ですと、これらの教育制度改革に対して、「うちの子はまだ小さいから私達には関係ないわ」と思われるかもしれませんが、これらの改革は、おそらく急速なスピードで、高校以下の学校教育をも変えていくことになるでしょう。

今あなたの子どもが5歳前後ならば、中学校に行く頃にすでに学校教育は大きく変わり、英語で全ての授業が行われるということになっているかもしれません。決して遠い未来の話ではないのです。

英語が必要なのは大企業だけではない

もうずいぶん前になりますが、楽天の三木谷社長が社内公用語を英語にすると発表したことが大きなニュースになりました。

今では、ユニクロ、日産、シャープなど社内公用語を英語にする企業が増えています。賛否両論がありますが、現実として、社長が外国人になったり、外国人の社員を多数採用するようになって、そうせざるを得ない環境になったとも言えます。

実際、日本の大企業でも、社員の半数以上が外国人であったり、新卒採用6〜8割が外国人という会社もあります。

私が先日話をした大手銀行の人は、「息子の代では、英語以外にもう一か国語を要求されている」と言っていました。

もう働く上では英語はできて当然というスタンスになっているのです。

「でも、それは大企業だけの話でしょ？　中小企業だと英語なんか必要ないんじゃない？」

そんな声が聞こえてきそうですが、今はそうではない時代なのです。

中小企業でも海外との取引なくして生き残れない時代ですし、望まなくても優れた日本製品は、海外からの引き合いや発注が来たりします。

個人商店も例外ではありません。インターネットで世界中の情報が瞬時に手に入る時代です。お店のHPを見て気に入ったからと、海外の店から引き合いがきたり、商品を仕入れたいなどという話が突然舞い込んでくるのです。

実際に、日本の優秀な刃物、日本的色彩のファブリック、日本の工芸品など多くの分野で、海外から注文がきています。

テレビ東京に『和風総本家』という番組があるのですが、ご存知でしょうか？

この中の「世界で見つけたMade in Japan」というコーナーでは、日本の小さな町工場で作られた製品が、海外で使われている様子を紹介しています。日本製品を使っている海外の人達を紹介し、そのVTRを、今度はその製品を作っている工場の職人さん達にも見てもらうという企画です。

海外の人達がその製品をとても気に入り、素晴らしいと話すVTRを、時には涙を浮かべながら見る日本の職人さんたちの嬉しそうな顔がとても感動的な番組です。

この番組を見れば、いかに日本製品が優れているか、また日本製品がいかに世界の隅々にまで行きわたっているかが分かります。

しかも、2020年に東京オリンピックが開催されると、200以上の国から選手団をはじめその家族や応援団など、100万規模の外国人が日本にやってくるでしょう。歩いていると外国人に道を聞かれるなんてことも日常茶飯事になるかもしれません。

医学も科学も物理も英語で語られる

2014年、『ザ・ギフティッド』（扶桑社）という書籍が発売されました。

この本を書いたのは大川翔君。14歳でカナダのトップの大学に合格したことで有名になった少年です。

この『ザ・ギフティッド』に面白いコラムが掲載されているのでご紹介します。

「えっ。先生は、イタリア語も話せるんですか？」

僕は、ビックリしてオニール先生にたずねた(オニール先生はカナダ生まれのカナダ人。英語が母国語。僕との会話ももちろん英語)。13歳になって間もないある秋の日のこと、僕は、オニール先生(物理学、高エネルギー学准教授)の部屋にいた。

「話せないよ。話せるわけないじゃん」と笑いながら答えるオニール先生。

「えっ。じゃあ、どうやってイタリアの研究室ではたらくんですか?」と、たたみかけるように尋ねる僕。

「物理はね、英語で語られているんだよ。世界中でそうなんだよ。イタリアの研究者たちも、英語は堪能、普通に話せるよ。論文も全部英語だし。だから、仕事の話(物理の話)をするだけなら、英語で十分なんだよ」

と、当たり前のようにニコニコと語るオニール先生。


いかがですか?

英語圏の人達だけでなく、イタリア人でもドイツ人でも、アジアやアフリカの人達でも、世界の大学での共通語は英語なのです。科学であろうと医学であろうと経済であろうと、何を学ぶにしても、「英語は必要ない!」とは言えないのです。

子どもがバイリンガルになると こんなメリットがある

異文化を理解でき、広い視野で物事を判断できる

幼児期から英語を始めるのがいいと思うのは、英語の聞き取りや発音といった直接的な効果だけではありません。

英語は外国の言葉ですから、英語を学ぶということは、その言葉の奥にある文化や習慣にも触れることができるのです。

中には、違う文化に触れることで、混乱するのではと心配する人もいるかもしれませんが、そんなことはありません。

お父さんとお母さんも、考え方ややり方が違うでしょう？　お父さんとお母さんが違うやり方をする、またはおじいちゃん・おばあちゃんが違うやり方をするからといって、子どもは混乱しませんよね。

私は、長年欧米文化に触れてきましたが、日本と欧米では、見事なほど異なる方法をとることが多いのです。

例えば、幼稚園で床に座る時、日本ではいわゆるお山座り（体育座り）で座らせますね。あれは小スペースでも行うことができますし、手を使わずにジッとしてもらいたいときには有効です。

欧米の子ども達は胡坐で座ります。女の子の場合、日本では、お行儀が悪いといわれることも多い胡坐ですが、正座のように足のしびれを気にせず座れて両手も自由に使えます。

どちらが良くて、どちらが悪いということではありません。1つのやり方だけにこだわらず、違うやり方からヒントを得たり、学ぶことが大切なのです。

前作『グローバル社会に生きる子どものための——6歳までに身に付けさせたい——しつけと習慣』（アマゾンで販売）でも、文化の違いについて紹介しましたが、まったく違うやり方やものの見方があるということを、幼児期から知ることは、子どもの成長にとってとても有意義なことだと思います。

いろいろなやり方や考え方があると知れば、起こる出来事をあらゆる角度から分析し、広い視野で判断を下せるようになるからです。

今では町で外国人を見かけることも多いですが、髪や目の色が違う人たちがいて、まったく違う言葉を話し、違う文化や習慣の中で生きているということを知るだけでも、子どもの世界が広がりますね。

学校や職業の選択肢が広がる

先にも述べましたが、これからの時代、英語は進学や就職においてますます重要視されるようになりますし、英語ができれば選択肢がとても広がります。

例えば、進学を考えた時、高校でも大学でも、英語ができることで受験することができる学校の数も増えますし、留学や海外への進学も視野に入れることができます。

私の英会話スクールに4歳から毎週1回ほとんど休むことなく通ってくれた男の子R君は、帰国子女でもなく留学経験もないのに、帰国子女がほとんどだという国際高校に入学しました。入学後も18歳まで通い続けてくれて、高校では英語力は帰国子女に負けず、いつも先生のアシスタントを務めていると言っていました。

また、バイリンガルであることは、進学の選択肢が増えるのと同様に、いえそれ以上に職業や生き方の選択肢を広げてくれるでしょう。

バイリンガルであることは、社会に出る時に大きな武器になります。

先に述べたように、今では大企業のみならず、中小企業でも個人商店でも英語の必要性を感じているからです。

職業の選択は、生き方にも関わってきます。海外転勤も恐れることなく受けることができるでしょうし、自分が希望するなら海外で働くことを選択することもできるのです。

実際に、私の英会話スクールで５歳から18歳まで学んだT君は完全なバイリンガルになって、カナダで仕事をすることを選びました。彼は世界中に友達がいます。仮に日本が沈没するようなことがあっても、彼なら世界のどこかで生き残ることができるでしょう。

バイリンガルのさらに意外なメリット

バイリンガルに関しては、いろいろな研究や調査がなされています。

ニュース記事から少しご紹介しましょう。

米ノースウエスタン大学の研究チームは、

「2か国語を話す人の脳は、1か国語だけを話す人の脳と比較して、音節を判別する能力に優れており、ざわめきに埋もれた音節でも感知できる。2か国語以上を習得した人は神経系統が微妙に変化することで脳の力が増し、複数の作業を同時に行ったり、物事の優先順位付けをする能力が高まり、加齢による衰えにも強くなる」

と発表しています。

加齢による衰えにも強くなるということは、認知症にもなりにくいということです。これは年を取ると切実な問題です。

モントリオールのマギル大学の研究では、

「バイリンガルは問題解決能力が高い、自由な発想力、他者に共感する能力に優れている」

と発表しています。

問題解決能力や発想力が高いのは、いろいろなやり方や考え方を知っているからでしょうし、違いを認める訓練ができているのですから、人に対する思いやりも育つのではないでしょうか。

ルクセンブルクの健康研究センターは、

「2か国語以上を話せる能力は記憶力の保護にも役立っている。話せる言語が多い人ほど記憶力がよい」

と発表しています。

確かにいくつもの言葉を話そうと思えば記憶力も必要ですね。バイリンガルの人すべてが先天的に記憶力がいいということはないでしょうから、バイリンガル教育で記憶力も良くなるならラッキーですよね。

もちろん、早期英語教育に否定的な研究やレポートもありますが、私自身は早期英語教育に否定的になるような事例には、30年以上この仕事をしていて一度も遭遇していません。

幼児期から始めた子は、確実に発音がいいですし、聞き取り能力も優れています。

また、それ以外にも私は大きなメリットがあると思っています。
それは、英語の持つ特徴でもありますが、必ず主語が入るということです。
日本語を考えてみると、主語を言わないことの方が圧倒的に多い言葉だと分かりますね。

「おなかがすいた」……………………"I am hungry."
「疲れた〜」…………………………"I am tired."
「手伝うよ」…………………………"I help you."
「本を読みたい」……………………"I want to read a book."

英語だと、かならず〝I（私）〟という主語が入ります。常に「私」を意識することになるのです。この積み重ねは、私達が思う以上に大きな影響を与えているのではないでしょうか。

こうして「私」を意識することで、自分の意見や意志をはっきり伝えているという気になり、自己肯定感が育まれ、さらに、自分の発言や行動に対する責任感も培われていくのではないかと思います。

第2章

お金をかけずに自宅でバイリンガルを育てる方法

～インプット・アウトプット編～

学習を始める前に

「インプット」と「アウトプット」という考え方

英語を学べば、英語がペラペラ話せるようになり、英語の本を読むことも、英語で手紙を書くことも、外国人のお友達もできて……と夢は膨らみますね。

この章では、あなたのお子さんをバイリンガルに育てるための具体的な方法についてご紹介します。

英語の学習では、「聞く」「話す」「読む」「書く」の4つの能力に分けて語られることが多いのですが、この本では、「インプット」と「アウトプット」という考え方で英語学習の方法をお伝えします。

インプットは、耳から入る情報（音）と目から入る情報（文字）です。ですから、「聞く」と「読む」能力になります。

一方アウトプットは、口から出る言葉（思考と音）と、手で書く文章（思考と文字）。「話す」と「書く」能力になります。

英語学習でまず必要なのは、言うまでもなくインプットです。インプットしなければ、アウトプットはできません。ですから、これからお話しする、わが子をバイリンガルにする方法の第一歩は、インプットから始めることになります。

具体的な内容は、後で詳しく述べますが、ＣＤなどを利用して、1日30分くらい英語を聞いていけば、大体2〜4か月で、英語の歌を歌ったり、片言の英語くらいは口から出るようになるでしょう。基本的には、半年から1年くらいはインプットの期間だと思って取り組んでください。

ただ、早い子なら、3〜6か月もすれば、どんどん英語を口に出してくれるようになるので、その場合は、アウトプットも同時に行っていくといいでしょう。

アウトプットについてもあとで詳しく述べますが、ゲームを一緒にするなどして、楽しみながら進めていくと、ますます興味を持ってくれるので、レベルアップがしやすくなります。

　1日にどれくらい英語学習に時間が取れるかにもよりますが、毎日1時間の学習を5～6年、レベルアップしながら続けていけば、中学生になる頃には、日常会話には困らないでしょうし、読み書きもネイティブの幼稚園～小学校低学年児くらいまでにはできるようになって、学校での英語学習がグッと楽になるでしょう。

　その後は、どんどん洋画を見たり、英字新聞や洋書を読んだりしていけば、18歳になる頃には、アメリカの大学に行くという選択肢や、仕事にも支障のない程度のバイリンガルになっているでしょう。

　英語は、例えば小学生のうちにバイリンガルになれば、その能力がずっと継続するのかといえば、残念ながらそうではありません。英語学習を続けなければ、海外で育った帰国子女でさえ忘れてしまいます。

　本当に必要になった時に、すぐに役立つように、長くコツコツと続けることを目標に取り組んでいきましょう。

できるだけたくさん「インプット」する方法

英語放送や英語CDのかけ流しで英語の世界の扉を開けよう

英語学習に取り組むだいたいの流れはつかんでいただけましたか?

それではこれから、1つ1つ詳しくお話ししていきます。

まずは、英語の世界の扉を開けてあげましょう。インプットの第1歩はとても簡単。とにかく英語を聞かせる、ただそれだけです。英語放送やCDのかけ流しから始めましょう。できるだけたくさん英語に触れる時間を作って、英語の音、リズム、イントネーションに慣れさせるのです。子どもが他のことをしているときでもBGMとして流しておきましょう。車での移動のときなどもチャンスです。

オススメのものとしては、

●子ども向けの英語の歌のCD

「Wee Sing Children's Songs and Fingerplays（ウィー　シング　チルドレンズ　ソング　アンド　フィンガープレイ）」はアマゾンで1200円前後と手ごろ。73曲収録されていて歌詞本もついています。楽譜が書かれた歌もあります。

●子ども向け会話教材のCD

お手持ちの教材があれば、なんでもOK。

●ご両親が好きな洋楽のCD

洋楽や映画の主題歌など何でも大丈夫ですが、できればあまり早口でなく、英語が聞き取りやすいものがベター。

●ご両親が昔やった大人用英語教材のCD

聞き流すようなものでも、会話形式になっているものでも、押し入れの肥やしになっているなら、この際活用しましょう。

●テレビなどの英語放送

テレビのBS放送では、英語ニュースをやっています。かけ流し目的の時は、画面を見る必要はありません。

このように何でも大丈夫ですが、かならずネイティブスピーカーが吹き込んだものにしてください。2か国語、3か国語を話すヨーロッパの人たちのような環境にするのです。

しかも、これらは本当に流しておくだけで構いません。むしろ、子どもに「聞きなさい！」と強制したり、CDプレーヤーを持って子どもを追いかけたりしては絶対にダメですよ。両親が本好きで、家の中に本がいっぱいある家庭で育った子は本好きになる可能性が高いです。それと同じこと。あくまでも自然な環境作りです。

流しておくだけで効果があるのか不安に思われる方もいるでしょうが心配は要りません。最初の1、2か月はあまり変化を感じることができないかもしれませんが、子どもはきちんと英語を吸収しています。

毎日5時間以上英語に触れている私のスクールでも、入園してきた子が自分からどんどんしゃべりだすのは、ほとんどの場合6か月以上経ってからです。その間は周りが話している英語を聴いてインプットしているのです。

なお、英語の聞き流しは、英語力をつけた後でも、忘れないために続けましょう。

英語のＤＶＤやテレビで英語の世界を楽しもう

１、２か月程度の英語のかけ流しで、英語の世界の扉が開けたら、今度は英語の世界を楽しみましょう。

常に英語を耳にしていた子どもは、英語に対する抵抗がなくなってきているはずです。今度は、英語のＤＶＤやテレビをできればご両親も一緒に楽しみましょう。まずは、レッスン用に作られたものから始めるのが無難でしょう。いきなり難しいものから始めると、嫌になったり、自信を無くしてしまいますから、簡単で楽しいものから始めましょう。

テレビでも、今は子ども向けの英語番組がたくさんありますから、利用してください。

〈学習の順序〉

●ステップ１．最初に見せるなら

・「えいごであそぼ」のようなテレビ番組
・色や数字、アルファベットや形、果物や動物といった基本的なものが学べるＤＶＤなどの英語教材
・短くて単純なストーリーで構成されているＤＶＤ
・子ども向け英語サイト（後でご紹介します）
・You Tube の英語レッスンや歌（You Tube についても後で詳しく述べます）

●ステップ２．少し慣れてきたら

・子ども達がよく知っている童話名作集など短めのＤＶＤ
・日本昔話のＤＶＤ

●ステップ３．英語ＤＶＤを喜んでみるようになったら長い映画にトライ

・英語のアニメーション映画
・子どもも楽しめる英語の映画

英語に慣れてきたら、大人も子どもも楽しめる長い映画を親子一緒に楽しみましょう。各ステップにおいておススメの作品を左にまとめましたので参考にしてください。

DVDは、CDと違って映像が見られますから、子どもでも今どんな状況なのかが瞬時に理解できます。

例えば、「子ども達が楽しげに歩いていたが、1人の子どもが転んでしまった。そこにほかの子ども達が駆け寄って声をかける」。こんなシーンがあれば、英語が分からなくても、子ども達が、転んだ子に「だいじょうぶか？」と声をかけていると想像できますね。

映画には生活のさまざまな場面がでてきますから、どういう時にどういう英語を使っているのかを、理屈ではなく覚えることができます。

私のかつての英会話教室の生徒達で、高い英語力をつけた子達の多くは、洋画（英語版）や洋楽が好きで、たくさん見聞きしていました。

DVDやテレビを見る時は、「英語を聞かせなきゃ」とか「覚えさせなきゃ」などと考えて黙々と見るのではなく、笑ったり、「うわぁ」などと声を出しながら楽しんでください。

私のスクールでは、時々部屋を暗くして、movie theater（映画館）のようにして映画のDVDを見ます。それだけで、子どもは結構喜んで集中します。

〈オススメＤＶＤ・テレビ〉

	種類	作品名	特徴と備考
1・最初に見せるなら	テレビ番組	「えいごであそぼ」	短くて単純なストーリーで構成されているもの。 なお、「トムとジェリー」（市販 DVD）は子どもに大人気ですが、あまり英語のセリフが出てこないので英語学習としては物足りません。
	短くて単純なストーリー	「きかんしゃトーマス」や「チャギントン」、「セサミストリート」や「ドーラといっしょに大冒険」など	
2・少し慣れてきたら	子どもがよく知っている童話名作集	「不思議の国のアリス」「ピノキオ」「バンビ」「ピーターパン」「白雪姫」「三匹の子ブタ」「赤ずきん」「ガリバー旅行記」「シンデレラ」など	子ども達がよく知っている童話名作集などがお勧めです。ＤＶＤはたいてい２か国語対応になっていると思いますので、内容を知らない場合は、まず日本語で一度見せてあげましょう。ストーリーが分かったら、後は英語で見ます。
	日本昔話	「ももたろう」「かぐやひめ」「うらしまたろう」など	
3・長い映画にトライ！	アニメーション映画	「カーズ」「トイ・ストーリー」「アイス・エイジ」「シュレック」「ライオン・キング」「ファインディング・ニモ」「アラジン」「モンスターズ・インク」「マダガスカル」「アナと雪の女王」など	古いけれど好評なのは、「大草原の小さな家」。これらのＤＶＤはレンタルもできますね。 ２か国語対応のＤＶＤなら、やはり最初に日本語で見て内容を理解しておいた方がいいでしょう。子どもの性格にもよりますが、何を言っているかまったく分からない映画を１時間以上見るのは苦痛になってしまいます。DVD はレンタルもできますから、まずレンタルで見て、子どもが何度も見たがるようなら購入するといいでしょう。
	子どもも楽しめる英語の映画	「ピーウィーの大冒険」「ドクター・ドリトル」「ガーフィールド」「チャーリーとチョコレート工場」「ベイブ」「E．T．」「サウンド・オブ・ミュージック」「シザーハンズ」「バック・トゥ・ザ・フューチャー」など	

"Look!"（見て！）

とか、

"It's beautiful."（綺麗だね）

"It's funny."（おかしいね）

など簡単な英語の会話を挟めるとなお良いです。子どもが、登場する単語やセンテンスに興味を示したら、ＤＶＤを止めたり聞き直したりして、一緒に覚えるのも手です。

英語絵本の読み聞かせで英語の世界を広げよう

さて、半年程度経ち、英語を聞くことに慣れてきたら、今度は絵本の読み聞かせで文字にも触れてみましょう。英語学習に、動画は非常に効率の良い教材だと思いますが、幼児の場合、ぜひ活用していただきたいのは絵本だからです。もちろん、最初から興味を示すようなら、ＤＶＤを見るのと同時に始めても構いません。

絵本はインプットにもアウトプットにも有効な教材です。英語が得意なら自分達で読んであげましょう。日本語・英語に限らずですが、ぜひ本好きな子どもにしてあげましょう。

ご両親とも英語が苦手な場合は、ネイティブスピーカーが吹き込んだCD付きの絵本を利用しましょう。一緒にCDを聞きながら、ページをめくっていけばいいのです。

絵本のシリーズはたくさんありますが、日本で手に入れやすいものを65ページに掲載しておきます。絵本はハードカバーだと結構高いので、たくさん読みたい人には、オックスフォード・リーディングツリー（ORT）やCTP社のラーントゥリードのシリーズ（CTP）をセットで買う方が、結局は安くつくかもしれません。

年齢別にたくさんセットがあり、内容についてはそれぞれのサイトに詳しく出ています。インターネットでORT、CTPと検索してください。

対象年齢が書いてありますので、初心者なら、子どもの年齢より必ず下のレベルのものから始めてください。この対象年齢はネイティブの子どもの年齢ですし、子どもは難しいと思うとやる気をなくしてしまうからです。低いレベルで自信がついたら、年齢相応のものから上のレベルへと進めていくと読む力もついていきます。

子ども向けの本には、ライミング（韻を踏んでいる）や同じ文の繰り返しなど、リズミカルなものも多く楽しく読めます。

また、絵本は言葉だけではなく、色彩感覚も養ってくれますね。

アメリカやイギリスの絵本は、色彩感覚、構図、ストーリー展開など、日本の絵本とは異なる点がたくさんあります。私のスクールの子ども達も、色塗りをさせると、ちょっと日本の子どもの感覚と違うなと思うような、カラフルな色使いをします。子どもの頃から異文化など多様なものに触れるチャンスがあることは、子ども達の想像力や感性を大いに膨らませることにもなるでしょう。

〈絵本探しの参考になるサイト〉

・SweetHeart　お薦め英語絵本

http://www.sweetnet.com/picturebook.htm

たくさんの英語絵本が、とても見やすく、また説明も丁寧に書かれています。アマゾンのページにリンクされていて、すぐに購入できるのも便利です。

・多聴多読絵本　（『多聴多読ステーション』内）

http://www.kikuyomu.com/ehon/index.php

〈英語多読用絵本〉

書名	特徴	入手法と値段
Scholastic（スコラスティック）社 『First Little Readers（ファーストリトルリーダーズ）』 『Sight Word Readers（サイトワードリーダーズ）』 『Folk & Fairy Tale Easy Readers（フォーク &フェアリーテイルイージーリーダーズ）』	いずれも簡単な単語で書かれた手のひらサイズの小さな本のセットで英語本のとっかかりとしてお勧めです。	アマゾンで2000円以内で買えます。
オックスフォード出版 『Oxford Reading Tree（オックスフォードリーディングツリー）』シリーズ ＝ＯＲＴ	２、３歳児から小学生向けまでたくさんのシリーズが出ています。本の厚みからいうと高いと思いますが、ネイティブの子ども達用の教科書としても使われているので、内容はいいと思います。	ＣＤ付きで６冊セットで 3500 〜 4000 円。
ＣＴＰ社 『Learn to Read（ラーントゥリード）』シリーズ ＝ＣＴＰ	こちらも多読用絵本として有名です。	ＣＤ付き６冊セットで3200 円ほどですので、ＯＲＴより少し安いです。

英語のポスターや単語カードで視覚に訴えよう

さて、これまでのことに加えて、インプット期間中に行えばますます効果を上げられる方法をご紹介します。

言葉を話すためには、まず単語をたくさん知らなければなりませんね。

私達も赤ちゃんの時にお母さんから、おそらく「まんま」から始まって、家具や食べ物、色や数字、体の部分や動物など、周りの目に触れるものの名前を1つずつ教えてもらってきたはずです。

英語のＤＶＤやテレビや絵本で覚えることと同時にできることは、英語のポスターや単語カードをお部屋に貼ることです。

5歳くらいなら日本語の物の名前はほとんど知っているでしょうから、今度はそれらを英語でどう言うのか視覚を通じて覚えていきましょう。

ポスターはアメリカ製のカラフルなものが、大きな書店などで５００～８００円で売っています。単語が書いてあって、絵や写真で意味が分かるようになっています。

それらを貼っておくと、英語の文字をいつも目にすることになりますから、英語がさらに身近なものになるでしょう。

単語カードは、テーブルに「table」、椅子に「chair」などと書いた紙を貼って覚えるという、受験生などがよくやるような方法です。文字を覚えるにはいい方法です。

少し話がそれますが、昔私のスクールで、絵カードで単語を教えていた時のことです。子ども達は、カードを見せると、"It's a desk." とか "It's a sofa." などとしっかり答えていました。

しかし、ある時、本物のスリッパを見せて "What are these?" と質問したら、答えられなかったのです。絵カードでは "These are slippers." とちゃんと答えていたにもかかわらずです。

そこで、ふと気が付きました。子ども達は、あの絵に描かれたものが slippers で実物のスリッパと結びついていなかったのです。カードによる学習の落とし穴でした。

それからは、何種類かの絵カードを用意したり、実物を見せられるものはできるだけ、実物を見せるようにしました。これはトーキングカードなどでも起こり得るケースだと思いますので、気をつけてください。

話を戻しますと、単語カードを貼ったりするのは、お部屋の雰囲気を変えてしまうかもしれませんから、ご両親で相談して決めてください。これをしなければ話せるようにならないなんてことはありませんから大丈夫です。

なお、市販の単語カードは、カードゲームや、ご両親がカードを使って単語を教えるという使い方もあります。

市販の教材を利用するのも手

この本では、後で詳しくご紹介しますが、あまりお金をかけないでできる方法をお勧めしたいと思いますので、市販の教材については、簡単に述べるにとどめます。

今は書店やネットショッピングなどでも、子どもの英語教育用のセット教材や電子玩具やトーキングカードなどが買えますね。

子ども向けであれば、教える内容はほぼ同じだと思いますので、ネイティブが吹き込んだ教材であれば、どこの会社のものでも好みで選んで大丈夫です。

電子玩具やトーキングカードなどは、おもちゃとして遊びながら覚えられますから、子どもが小さいうちは喜んでやってくれるかもしれません。

ただ玩具類は、内容が単純すぎると子どもがすぐに飽きてしまう可能性があります。電子玩具なら、ある程度幅広い年齢で使えるものを選びましょう。

また、ベネッセやディズニーやアルクなど大手の会社から、セット販売されている英語教材がありますので、これらを試してみるのも1つの方法だと思います。これらの会員は、同社主催の様々なイベントに参加できるなどの特典もありますから、英語学習に対するモチベーションを維持するために、有効かもしれません。

ただ、最初から大きなセットを購入してしまうのは、あまりお勧めしません。あとで詳しく書きますが、使い切れないほどの教材セットはプレッシャーになって挫折してしまうことが多いからです。

なお、セット教材や絵本のセットなど新品同様のものが、オークションでたくさん出品されていますので、費用が気になる方は、まずオークションを覗いてみるといいでしょう。

スムーズにアウトプットさせる方法

英語の遊び歌をアクションしながら歌おう

ある程度インプットができて、子どもがあいさつや英語の歌を口ずさんだり、覚えた単語などを嬉しそうに口にするようになってきたら、今度はどんどんアウトプットさせましょう。

子どもにとって、インプットでもアウトプットでも、一番効果的なのはやはり歌です。英語でも日本語でもほとんどの子どもは、歌や手遊び、ダンスが大好きだからです。

英語の歌は、日本語の歌とはまた違った手遊びやアクションがありますから、子どもも興味を持ってやってくれると思います。

ＣＤやＤＶＤ、テレビやYou Tubeなどを見ながら、一緒に楽しんでみましょう。

“Head Shoulders Knees And Toes”
“If You'er Happy and You know it”
“Row, Row, Row Your Boat”
“Twinkle Twinkle Little Star”
“Ring Around the Rosie”

これらは日本でもおなじみの手遊び歌なのですが、どの曲か分かりますか？

正解は、

「あたま・かた・ひざ・ポン」
「幸せなら手を叩こう」
「こげ、こげ、ボート」
「きらきら星」
「バラの花輪だ手をつなごう」

皆さんもご存知の曲ばかりなのではないでしょうか？　これらを日本語ではなく英語の歌詞で遊べば楽しく英語に触れることができます。

他にも子ども達が好きな英語の歌に、

“One Little Finger（ワン　リトル　フィンガー）”

“Five Little Monkeys（ファイブ　リトル　モンキーズ）”

“Open Shut Them（オープン　シャット　ゼム）”

“Rain, Rain, Go Away（レイン　レイン　ゴー　アウェイ）”

など、You Tube でも見られる覚えやすい子どもの手遊び歌がありますから、ぜひ覚えて楽しんでください。

ただ、男の子の場合、5歳くらいになると恥ずかしがってやりたがらないこともあります。その場合は無理強いはやめて、ご両親が英語の歌を覚えて口ずさんでください。

これらの歌は、ほかの子ども達もよく知っていることが多いので、ほかの子が歌っているのを聞いて、自分もと興味を示してくれることもあります。

次のページから4曲おススメの手遊び歌とその動作を掲載しましたので、You Tube などで音楽を流しながら子どもと一緒に遊んでみてください。

♪ One little finger ♫

① One little finger,
One little finger,
One little finger,

人差し指を出して
曲にあわせて
左右に振ります

② tap, tap,tap

両手の人差し指を
互いに打ちつけます

③ Point your finger up,

指で上を差します

④ point your finger down

指で下を差します

⑤ Put it on your head

頭を差します

⑥ ※①〜④を繰り返した後、⑤の head と
以下を入れ替えながら続けます。
nose（鼻）、chin（あご）、arm（腕）、leg（脚）、foot（足）

♪ Head & Shoulders ♫

① Head,

立った状態で
両手で頭を触ります

② shoulders,

そのまま今度は
両手で肩を触ります

③ knees and toes,
knees and toes,

knees で膝を触り、
toes でつま先を触ります。
これを２度繰り返します

④ Head, shoulders,
knees and toes,
knees and toes,

①〜③を繰り返します

⑤ Eyes and ears and
mouth and nose,

Eyes で目、
ears で耳、
mouth で口、
nose で鼻を指差します

⑥ Head, shoulders,
knees and toes,
knees and toes

①〜③を繰り返します

♩ Open Shut Them ♫

① Open shut them
Open shut them

Open で手を開き
shut them で手を握ります

② Give a little
clap, clap, clap

clap, clap, clap
にあわせて手を叩きます

③ Open shut them
Open shut them

①を繰り返します

④ Put them in your
lap, lap, lap

lap, lap, lap
にあわせて膝を叩きます

⑤ Big and small
Big, big, big, big,
small, small, small

Big, big, big で身体を
思いきり大きく開き、
small,small, small では
なるべく小さくなります

⑥

Please　No thank you
please, please, please, please,
no thank you

Please でちょうだいと手をのばし、
no thank you でいらないという動作
をします

Fast and slow
Fast, first, first, first, slow, slow, slow

Fast で速く走り、
slow でゆっくり動きます

Loud and quiet
loud, loud, loud, loud, " Sh! Quiet!"

loud で大声をだし、
Sh! Quiet でシーと言います

Peek-a-BOO!
Peek a, peek a, peek a Boo!

Peek a で顔を手で隠し、
Boo でいないいないばあ

Row Row Row Your Boat

脚を伸ばして座り、
伸ばした脚の上に子どもを乗せ
手をつなぎます

① Row row row your boat,
Gently down the stream,
Merrily merrily merrily merrily,

曲にあわせて、
オールを漕ぐように
子どもの手を引き寄せたり
遠ざけたりします

② Life is but a dream.

dream のところで脚を開き
子どもを下に落としてあげます

〈私の園で子ども達に人気の曲〉

♪ Twinkle twinkle little star ♫

Twinkle, twinkle, little star,
How I wonder what you are!
Up above the world so high,
Like a diamond in the sky.
Twinkle, twinkle, little star,
How I wonder what you are!

♪ Rain, Rain, Go Away ♫

Rain, rain, go away
Come again another day
Daddy※ wants to play
(※Mommy,brother,sister,baby,all the family)
Rain , rain, go away

♪ Five Little Monkeys ♫

Five Little Monkeys jumping on the bed
One fell off and bumped his head
Momma called the doctor and the doctor said
No more monkeys jumping on the bed

Walking in the jungle

Walking in the jungle, walking in the jungle※1
We are not afraid, we are not afraid,
Walking in the jungle, walking in the jungle※1
We are not afraid, we are not afraid,
One step, two steps, three steps forward
One step, two steps, three steps back
"Stop! Listen!" "What's that?"
"It's a frog※2." "We are not afraid."
"Let's stamp." Stamping in the jungle※1 monkey※2
"Let's jump." Jumping in the jungle※1 toucan※2
"Let's skip." Skipping in the jungle※1 tiger※2

※1・※2の部分を入れ替えながら歌ってみましょう

Ring around the rosie

Ring-a-round the rosie,
A pocket full of posies,
Ashes! Ashes!
We all fall down.

＊これらの歌詞は、製作者によって違っている場合があります。

絵本を声に出して読もう

インプットのところで絵本を使用する方法をご紹介しましたが、今度はアウトプットにも利用してみましょう。

最初は単語を１つずつ文字を追いながら読んでリピートさせます。それに慣れたら、センテンスをリピートさせていきます。

子どもはなんでも自分でやりたがりますので、自分でも読めそうだと自信がついたら、読みたがるでしょう。その時はぜひ子どもに声に出して読ませてください。

途中でつっかえた時だけ教えてあげます。決して先に教えてしまわないようにしましょう。また、ポツリポツリゆっくりであったり、発音がおかしいと思っても、せかしたり注意したりしないでくださいね。とにかく声に出して日本語とは違う口の動きを覚えさせることが大切なのです。

時間がかかっても手助けをしながらでも、読み終えた時は「読めたね！　すごい！」「できたね！」などと褒めてあげましょう。褒めてあげると子どもは「もっと上手に読めるようになりたい」と思って頑張ってくれますよ。

そうやって読める本が増えていけば、読めること発音できることに自信を持ち、さらに英語に対する興味が増していくでしょう。

なお、絵本ではありませんが、私のスクールでは、Oxford Very First Dictionary（オックスフォード　ベリー　ファースト　ディクショナリー）というピクチャー・ディクショナリーを読む練習に利用しています。

これは、初心者向きで、厚みもあまりなく小さい子でも単語が探しやすくなっています。また卒園時にはThe Usborne Picture Dictionary（アズボーン　ピクチャー　ディクショナリー）を次の段階用としてプレゼントしています。どちらもカタカナのルビがふっていないものを選んでいます。

ディクショナリーの使い方は、先生が言った単語を探させ、説明文を声に出して読ませ

オックスフォードベリーファーストディクショナリー（左）と
アズボーンピクチャーディクショナリー（右）

ます。もちろんAから順に進んでいってもかまいません。

子ども向けのディクショナリーは簡単な表現でその単語を説明しています。

辞書を引く（単語を探す）練習にもなりますし、単語の意味を覚えながら、読む練習もできます。

年長さんにはセンテンスを書かせたりもできますので一石四鳥です。

なお、ピクチャー・ディクショナリーにもＣＤ付きのものが出ていますので、英語に自信のないご両親は、それらを利用するといいでしょう。


〈CD付きピクチャー・ディクショナリー〉

・Young Children's Picture Dictionary Student Book with CD
　２～５歳　１９００円前後
・Longman Children's Picture Dictionary with CDs: With Songs and Chants
　９～12歳　３０００円前後

いずれもアマゾンで購入できます。

ネイティブの英語を声に出して真似して（リピートして）みよう

レッスン用教材として作られているＣＤやＤＶＤやテレビ番組の場合は、ネイティブの後にリピートできるように作られているものが多いと思います。先生の後にリピートしなさいという指示があったら、大きな声でリピートしましょう。これはインプットの時期から、やれるならもちろんやらせてあげてください。

インプットの時期にアウトプットさせてはいけないということはありません。本人のインプットが十分でない時に、アウトプットを強制すると逆効果になることがありますので、気をつけなければなりませんが、子どもが喜んでアウトプットできるなら、それに越したことはありません。

もし、子どもが恥ずかしがったり自信がなさそうな場合は、まずご両親が大きな声でリピートして、お手本を示してあげましょう。

お勉強のように生真面目にやるより、ゲームでもしているような感じで楽しくやる方がいいと思います。子どもは「楽しい！」と思えば集中します。

また、子どもは競争が好きですから、リピートする時に「どっちが上手に言えるかな」と競争をもちかけて、親がわざと下手くそにリピートしたり、間違えてみてください。子どもは、自分の方が上手だと思ったら自信満々でリピートしたり、間違いを一生懸命教えようとしてくれますよ。

そうやって自信をつけさせてあげると、どんどん真似てリピートしてくれると思います。リピートできるように作られていない場合は、一時停止して、真似してみましょう。

覚えたセリフ（会話）をどんどん使ってみよう

英語のレッスン教材、アニメや映画などを続けて見ていると、日常よく使う生活英語以外にも、知らなかった単語やセンテンスが聞き取れるようになっていきます。しっかり聞き取れると嬉しいものですし、自信にもなります。

そんな時は、一歩進んで、親子でそのセリフを覚えてしまいましょう。

そして、日常の生活の同じような場面でどんどん使っていきましょう。子どもも積極的に使ってくれるといいですが、子どもが使わなくても、親は気にせず使ってくださいね。

例えば、

"It's my turn."（私の番よ）

を覚えたら、家族でトランプをしている時に使ってみる。

"That's a good idea."（それはいい考えね）

を覚えたら、子どもが何かを提案した時に使ってみるなど。

子どもはすぐに反応しなくても、親がいつも楽しそうに覚えた英語を使っていると、「自分もやってみよう」という気になっていきます。

子どもが興味を示すまで辛抱強く待ってあげてください。

なお、「私は英語が苦手」という方も多いかもしれませんが、親の英語での語りかけについて、英語が苦手な親でも大丈夫という理由を後でお話しします。

遊び心いっぱいの欧米のワークブックを使ってみよう

ある程度英語学習が進んでくると、子どもは読むことや書くことにも興味を示し始めるでしょう。そんな時お勧めしたいのが、欧米のワークブックです。

欧米のものはとてもカラフルで、大人が見ても楽しいです。内容もフォニックス（単語をどう読むかというルール）や、アルファベットや数字を書くだけでなく、塗り絵や数字をつないで絵を完成させたり、パターン学習など、日本の幼児教室で学ぶような内容が満載です。お勉強と思わせないような遊び心がいっぱいなので、楽しくできると思います。

私のスクールの子ども達もワークブックタイムが大好きで、時間になって終了と言うと、ブーイングが起こるくらいです。

私のスクールで使っているワークブックをご紹介しますが、これらのワークブックは、ネイティブの子どもを対象に作られています。どれも英語のみの表記になりますが、Pre-school（プリスクール・小学校や幼稚園入学前の子ども向けの英会話教室。詳しくは第4章を参照してください）やKindergarten（キンダーガーテン・アメリカ版幼稚園のようなもの）対象のものは、それほど難しい指示はありません。

始める時は、子どもの年齢に関係なく、レベルが一番下（3〜5歳児対象）のPreschoolから始めてください。子どもは難しいと思うと意欲をなくします。まずは簡単なところから始めて自信をつけさせましょう。

Preschool が終わったら次が5、6歳児対象の Kindergarten、その次が小学生対象の first grade（1年生）、second grade（2年生）と続きます。

ただし、この対象年齢は、あくまでも英語が話せるネイティブの子どもの年齢です。「小学生なのに3～5歳のレベルが分からないのか」なんて責めては絶対ダメですよ。

なお、英語力がついたら、レベルの高いものにトライしてください。ネイティブの子どもを対象にしたワークブックですので、これだけでもかなり読み書きの力が付くと思います。特にフォニックスやライミング（韻）は、頻繁に出てきます。これらは欧米的な英語教育法（欧米では国語教育ということ）なので、日本のワークブックではなかなか学べません。

School Zone 社ワークブック

英語が初めての日本人の幼児には、School Zone 社のワークブックが一番とっつきやすいでしょう。

Scholastic 社のものは、文章が多く、少し難易度が高くなります。

BRAIN QUEST は、色を塗ったり書いたりするページが少ないように思います。どれも300頁以上あり、アマゾンで1500円前後で買えますから、ページ数からしたら格安です。

BRAIN QUEST のワークブック

Scholastic 社のワークブック

〈ワークブックの年齢別おススメ一覧〉

3歳

・School Zone社BIG PRESCHOOL workbook
スクールゾーン社ビッグプリスクールワークブック
320頁 3〜5歳

・School Zone社BIG ALPHABET workbook
スクールゾーン社ビッグアルファベットワークブック
320頁 3〜5歳

・WORKMAN PUBLISHING　BRAIN QUEST　P(Pre-K)
ワークマンパブリッシングブレインクエストP
3〜5歳

4歳

・School Zone社 Preschool Activity Book
(Big Preschool Workbook)
スクールゾーン社ビッグプリスクールアクティビティワークブック
320頁 4歳以上

・Scholastic社 Reading & Math Jumbo Workbook　Pre-K
スコラスティック社リーディング&マスジャンボワークブックプリK
4〜5歳

5歳

・School Zone社BIG KINDERGARTEN workbook
スクールゾーン社ビッグキンダーガーテンワークブック
320頁 5〜6歳

・Scholastic社 Reading & Math Jumbo workbook gradeK
スコラスティック社リーディング&マスジャンボワークブッグレイドK
5〜6歳

6歳

・WORKMAN PUBLISHING　BRAIN QUEST K
ワークマンパブリッシングブレインクエストK
5〜6歳

・School Zone社BIG FIRST GRADE workbook
スクールゾーン社ビッグファーストグレイドワークブック
320頁 6〜7歳

7歳

第3章

お金をかけずに自宅でバイリンガルを育てる方法

〜楽しく学べるアイテム編〜

家庭でできる、お金をかけずにバイリンガルを育てる方法

英語サイトを利用しよう

さて、英語学習の取り組み方が、だいたい分かっていただけたでしょうか？

ではこれから、できるだけお金をかけないでできる方法をお伝えします。

今の子ども達には、その気になれば英語に触れられるチャンスがいっぱいありますね。

テレビ以外にも、インターネットで英語が学べたり、ゲームができます。

子ども向けの英語のサイトも、今は本当にたくさんあります。

音声が聞けるサイトも数多くあります。パソコンがあるなら、それらのサイトを利用すると全く費用がかかりません。

海外のサイトを次のページにまとめましたので参考にしてください。

〈おすすめの海外のサイト〉

サイト名 / URL	特徴
Nick Jr. (ニックジュニア) http://www.nickjr.com/	日本でもお馴染みの「ドーラといっしょに大冒険」や「ブルーズ・クルーズ」をはじめたくさんのキャラクターが登場します。動画を見たりゲームをしたり、塗り絵ができたりするとても楽しいサイトです。男の子でも女の子でも、幅広い年齢で楽しめるお勧めサイトです。
Starfall (スターフォール) http://www.starfall.com/	子どもが参加しながら楽しめるレッスンタイプのサイトで、こちらもお勧めです。英語の発音（フォニックス）や読み方を学べますので、英語に興味を持ちだしたら、ぜひ活用してください。
Bob the Builder Official Site (ボブザビルダー オフィシャルサイト) http://www.bob-thebuilder.com/usa/index.asp	日本でもお馴染みの「ボブとはたらくブーブーズ」のサイトです。 男の子が喜びそうなゲームなどがあります。
Barbie (バービー) http://www.barbie.com/en-us	お姫様大好きな女の子がはまりそうな、きれいなサイトです。動画を見たりゲームもできます。どちらかと言えばコマーシャルがメインですが、女の子は見て楽しめるサイトです。
Learn English Kids (ラーンイングリッシュキッズ) http://learnenglishkids.britishcouncil.org/ja/	ブリティッシュカウンシルが運営しているサイトです。幼児には難しいかもしれません。対象年齢は小学生以上で、ある程度英語力が必要です。 イギリス英語のサイトです。
BBC KS1 Bitesize (ビービーシーKSIバイトサイズ) http://www.bbc.co.uk/bitesize/ks1/	このサイトも幼児や初心者向けではありませんが、ある程度英語力がついたら、試してみるといいでしょう。こちらもイギリス英語になります。

また、『英語のゆずりん（http://english.chakin.com/）』というサイトには、初級から上級まで英語学習に役立つ幅広い情報が載っています。

子ども向けの情報も充実していますので、もっと知りたいという方は、参考にされるといいでしょう。

You Tube の英語レッスンやアニメや歌を利用しよう

お金をかけずに英語を学ぶのなら、何と言ってもお勧めは You Tube を利用することです。先にご紹介した英語サイトに掲載されている動画もほとんどが You Tube からです。

このあとご紹介しますが、You Tube をテレビで見る方法がありますから、ぜひテレビの大画面で、You Tube の英語レッスンやアニメや歌を楽しんでください。

これだけの、動画を見ようと思えば、昔ならいくら費用がかかったかしらと思うほど、たくさんの楽しい動画がアップされています。

子ども向け英語レッスンとして作成されたものは、いずれも1つ1つはそれほど長くありませんから、日々のレッスンにうってつけです。

You Tube画面で「子ども向け英語レッスン」で検索すれば、いろいろなものが出てきます。まずは子どもが見たいというものから始めるといいと思います。

レッスンには、いろいろなキャラクターが英語を教えてくれるものや、面白い外国人が教えてくれるものなど、様々な種類があります。子どもが喜ぶものを見せてあげてください。

英語の単語やセンテンスは、どれから覚えなければならないという決まりがあるわけではありません。アルファベットを知らなくても動物の名前を知っているとか、単語は知らなくても挨拶はできるとか、内容や順序など気にしないでどんどん楽しみましょう。

You Tubeで、レッスンとともにお勧めするのは英語の歌です。歌は覚えやすいし楽しいので、子どもの英語教育にはうってつけです。

子ども向けのレッスンや歌のYou Tubeをたくさん制作しているところを96、97ページに一部紹介しておきます。また、歌探しの参考になるサイトも合わせてご紹介しておきます。

〈Youtube 内のおススメチャンネル〉

	チャンネル名／URL	特徴と備考
1～4歳　初めての英語	ABC Kid TV ABC キッズ TV https://www.youtube.com/user/checkgate	基本的な単語が学べます。色もカラフルで目を引きます。全体としては小さい子向けに作られています。学習のスタートにいいでしょう。
	Little Baby Bum リトル　ベイビーバム https://www.youtube.com/user/LittleBabyBum	たくさんの歌が楽しいアニメで収録されています。こちらも小さい子向けで、アニメもカラフルで動きもあるので、小さい子も集中して見られると思います。
	Busy Beavers ビジー　ビーバーズ http://www.youtube.com/user/wearebusybeavers	可愛いアニメで歌とチャンツとレッスンがセットになっています。文字も表示されますので、英語が苦手な親でも安心です。小さい子向けにゆっくり発音しています。
5歳～　英語が初めてなら	Super Simple Songs スーパー　シンプル　ソングス http://www.youtube.com/user/SuperSimpleSongs	シンプルで覚えやすい曲ばかりです。アニメもかわいいので、私のスクールの子ども達も大好きです。
	ELF Kids Videos エルフキッズビデオ http://www.youtube.com/user/omigrad	日本人向けのレッスンタイプで、単語がジャンル別に収録されています。イラストも楽しく文字も表示され、リピートもできるように作られています。
	Fun English ファンイングリッシュ http://www.youtube.com/user/KidsOnlineEnglish	日本人向けのレッスンタイプ。アニメと、実際に外国人が登場します。会話のテロップが表示されますので、音を消すと読む練習にも使えます。

	チャンネル名／URL	特徴と備考
5歳〜　英語が初めてなら	Kids TV123 キッズ TV　１２３ http://www.youtube.com/user/KidsTV123	幅広いジャンルの単語を、歌や替え歌で教えています。カラフルな画面で、英語も分かりやすいので、学習のスタートにはお勧めです。
5歳〜　英語が初めてなら	HooplaKidz TV フープラキッズ TV http://www.youtube.com/user/HooplaKidzTv	レッスンタイプと歌の両方あります。アニメもかわいいです。 TV では、いろいろな動物の短いアニメーションもあります。
5歳以上　英語が分かってきたら	Hooked on Phonics TV フーキッドオンフォニックス TV https://www.youtube.com/user/HookedOnPhonicsTV	ネイティブの子ども向けのフォニックスやライミング（韻）を学ぶアニメで、曲のアレンジが今風で楽しいです。短いストーリーのアニメもいろいろあります。
5歳以上　英語が分かってきたら	Super Why スーパーヴァイ ※いろいろな番組で取り上げられているので、検索エンジンで検索してください	ネイティブの子どものために創られたショーで、たくさんのストーリーがあります。初心者には難しいかもしれませんが、ある程度英語力がついてくると楽しめます。
5歳以上　英語が分かってきたら	Peppa Pig ペッパピッグ ※いろいろな番組で取り上げられているので、検索エンジンで検索してください	ブタのペッパ（女の子）とその家族のほのぼのとしたショートアニメ。イギリス英語が分かりやすく、また心地よくて、私のスクールの子ども達も大好きです。１つのストーリーが短いので、ちょっとした時間にも気軽に見られます。
5歳以上　英語が分かってきたら	Ben and Holly's Little Kingdom ベン　アンド　ホリーズリトルキングダム ※いろいろな番組で取り上げられているので、検索エンジンで検索してください	小妖精ベンとプリンセスホリーのおとぎ話風のアニメーション。一つのストーリーが 10 分程度です。Peppa Pig とはまた違った雰囲気で楽しめます。

今回ご紹介しているのは、英語を学び始めた3～8歳くらいからの初心者対象のものですが、おそらくYou Tubeの英語レッスンの動画は、初級から上級まで、これからもどんどんアップされていくと思います。上手に探してレベルアップしていけば、教材を購入する必要がなくなるかもしれません。

また、子どもは聞いたままを覚えて歌えますが、歌の歌詞を知りたいご両親には、次のサイトが役に立つかもしれません。

好きな歌を選んで子どもと一緒に覚えて歌ってみましょう。

〈歌探しの参考になるサイト〉

・『世界の民謡・童謡 worldfolksong.com（ワールドフォークソング）』の「子供と一緒にキッズソング」
http://www.worldfolksong.com/kids/index.html

・『子供と楽しく歌おう！　YouTube ～子供向け英語の歌のまとめ～』
http://matome.naver.jp/odai/2133430165856235801

・『子供と歌える英語の童謡　歌詞の和訳』
http://kidssongs.blog.fc2.com/
右記３つどれもYou Tubeの動画が添付されていて、興味を持ったらすぐに見られるようになっています。

You Tubeをダウンロードしてテレビで見る方法

You Tubeをパソコンでフルスクリーンにして見ることもできますが、なんといってもテレビの大画面には負けますよね。

先ほどもお話ししましたが、今のテレビはインターネットにそのまま接続できるものもあるので、そのようなテレビをお持ちの方は、説明書をご覧になってぜひ接続されるといいと思います。

また、テレビ自体をインターネットにつなぐことができなくても、インターネット環境があるのであれば、スマホやノートパソコンやタブレットにYou Tubeをダウンロードしてテレビで見られる方法があります。

すでにインターネットを見られる環境であれば、あまり費用もかからないと思いますので利用してください。もちろん違法なやり方ではありません。

●必要なもの

・chromecast（クロームキャスト）：5000円前後でアマゾンや大手電器店で購入可能
・HDMIに対応しているテレビ（HDTV）
・電源コンセント、またはHDMI対応テレビのUSBポート
・安全な無線ネットワーク
・スマートフォン

●接続方法

①USB電源ケーブルの一方の端をクロームキャストに差し込む。
②もう一方の端を電源アダプターに差し込む。
③電源アダプターを電源コンセントにつなぐ。

④クロームキャストをテレビのＨＤＭＩ入力端子につなぐ。

●スマホに接続

①スマートフォンでURL: chromecast.com/setup/ にアクセスする。
②Google play に接続して、クロームキャストのアプリを「インストール」する。
③「プライバシーと利用規約」に同意してインストールを続ける。
④インストールが完了したら「開く」から、アプリを実行する。

接続方法については『できるネット　iPhone で Chromecast の初期設定をする方法』（http://dekiru.net/

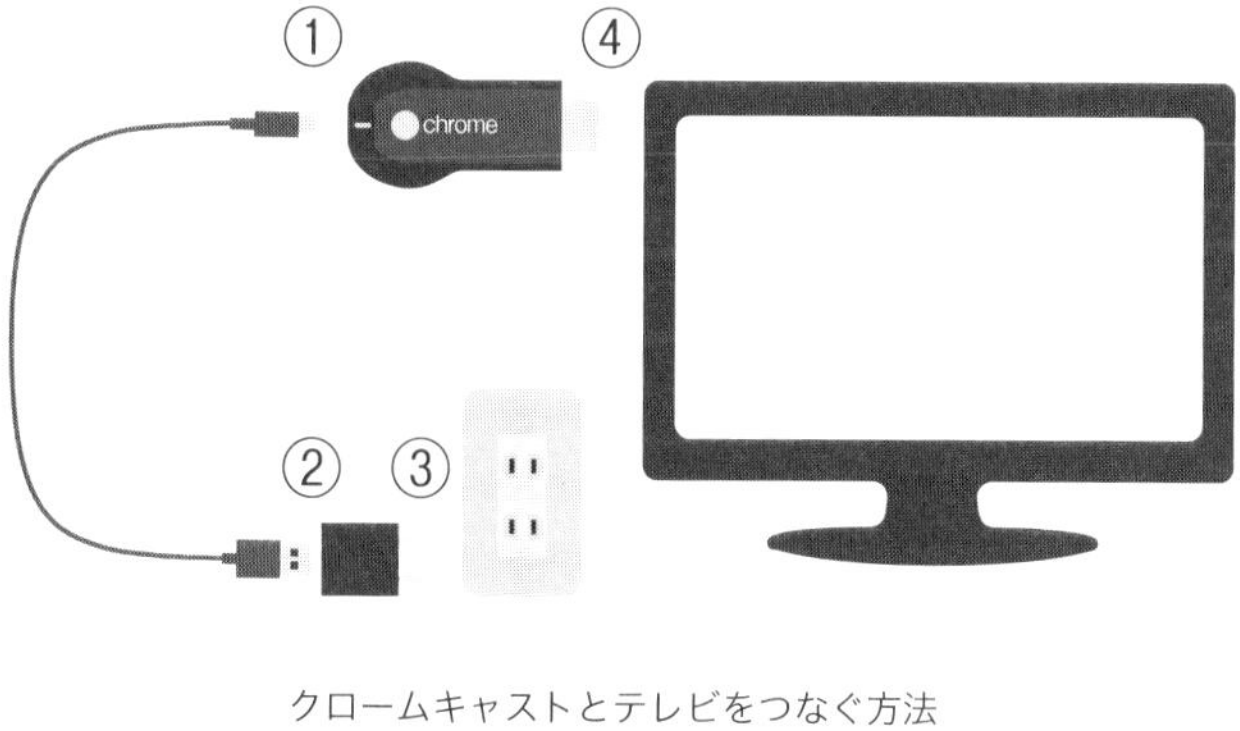

クロームキャストとテレビをつなぐ方法

article/4520/）が参考になります。また、クロームキャストの使い方を説明したYou Tubeも参考にしてください。なお、地域によって利用できない場合もあるとのことですので、購入時にお確かめくださいね。

発音を気にせず親も楽しんで英語で語りかけよう

親の子どもに対する英語での語りかけは、インプットとしてもアウトプットとしても効果的な方法です。ご両親も楽しんで英語を使うという姿勢を示せば、子どものモチベーションもあがるでしょう。お金もかかりませんから、ぜひトライしてください。

ご両親のどちらかが英語が得意ということなら、得意な親がずっと英語で、そうでない親とは日本語で会話するというのもいい方法です。

英語本の中には、日本語と英語を交ぜて使ってはいけないとか、英語を話す親とそうでない親の役割分担をはっきりさせた方がいいというものもありますが、私自身は、そんなに神経質になる必要はないと思っています。

親が楽しそうに英語を使っている姿を見せる方が、完璧でいようとするより、子どもには効果があると思います。

子どももまた、英語を覚え始めた頃は、日本語の中に英語が交じるとか、英語の中に日本語が交じるなんてことは、当然起こりますが、いちいち注意したりするのはやめましょう。完璧に英語を使おう、使わせようとするより、「英語を使ってみよう」と思う気持ちを大切にしましょう。

生活の中で親が子どもにかける言葉はある程度限られてきます。

例えば、

"Good morning."（おはよう）

"Good night."（おやすみ）

"Good bye."（さようなら、行ってらっしゃい、行ってきます）

などの挨拶や、

"It's time to（for〜）."（〜の時間だよ）

というような頻繁に使う言葉は、覚えてしまいましょう。

この本の６章では、日常よく使う簡単な会話を紹介しています。覚えやすいものばかりを選んでいますので、英語に自信のないご両親は、それらを参考にして使ってみませんか？

「でも、英語の発音には自信がない」

と言うご両親も多いかもしれませんが、正確でない発音を聞かせるデメリットよりも、親がどんどん英語を口に出すことのメリットの方が大きいので気にしないでください。

今はＤＶＤでもＣＤでもYou Tubeでもネイティブの英語を聞かせるチャンスがいっぱいあります。日々ネイティブの英語を聞かせていれば、子どもはネイティブの英語を真似ますから安心してください。

英語の子育てで参考になるサイトを次のページにまとめておきます。

〈英語子育ての参考になるサイト〉

サイト名／URL	特徴
『グローバルキッズ養成塾』 http://globalkid.jp/	海外在住の子育て中のママのサイト。バイリンガル育児に関する幅広い情報が載っています。この本でもお勧めしている Peppa Pig の You Tube コーナーもあります。
『英語 de 子育て』 http://try.eigode.info/?pid=18408025	英語で子育ての先駆者ですね。漫画で分かりやすく会話が学べる本も出ています。
『日本バイリンガル子育て協会 JARBC』 http://jarbcblog.blogspot.jp/	英会話教室もされている発達心理学博士のサイモン・ダウンズさんが、英語育児のフレーズを紹介されています。
『みんなで学ぶ NHK 語学フレーズ ゴガクル』 http://gogakuru.com/charo/	子ども専用ではありませんが、語学を学ぶ人のためのサイトで、たくさんのフレーズが紹介されていますので、参考になるかもしれません。
『読んで身に付く英語勉強法マガジン Cheer up! English　子ども英語 』 http://english.cheerup.jp/Tag/kids	このサイトでは、私が、この本に書ききれなかった子育て英語フレーズと、日本と欧米のしつけの違いや英語豆知識など役立つ情報をコラムとして連載しています。子ども英語だけではなく、学生や大人向けにも、英語に関する情報や使えるフレーズがたくさん載っていますので参考にしてください。

親子でできる簡単ゲームで遊んでみよう

親子でカルタやトランプ、ボードゲームなどをしますよね。

それと同じ感覚で、英語を学び始めたら英語のゲームをしてみませんか？

インターネットのサイトや教材のゲームばかりではなく、親子で顔を突き合わせて楽しむゲームもぜひ取り入れてくださいね。

ここでは、お金をかけずに遊び感覚で、ちょっとした時間にできるゲームをご紹介します。「勉強しなさい！」「覚えなさい！」なんて言われるとやる気をなくしてしまいますが、親子でゲームをすれば楽しく覚えられますから、ぜひ試してください。

マッチングゲーム

トランプ程度の大きさ（もっと大きくても可）の紙に同じ単語を2枚ずつ書いていきま

す。単語のジャンルはすでに学習したものから選んでください。dog と書いた紙を2枚、cat と書いた紙を2枚という風に。

裏返した時に文字が透けて見えない紙にしてください。このカードも子どもと一緒にそれぞれ1枚ずつ書きましょう。何セットでも構いません。

出来上がったら、裏返して、神経衰弱の要領で順番に2枚ずつめくります。

ポイントは、めくった時に現れた単語を必ず声に出して読むこと。2枚同じカードをめくったらそのカードが取れます。これで単語を書く、読む、話す、聞くの4つが同時に学べます。

絵が得意なら絵を描くとか、雑誌や本から写真を切り取ってカードを作り、絵（写真）と文字のマッチングゲームにしても楽しいです。

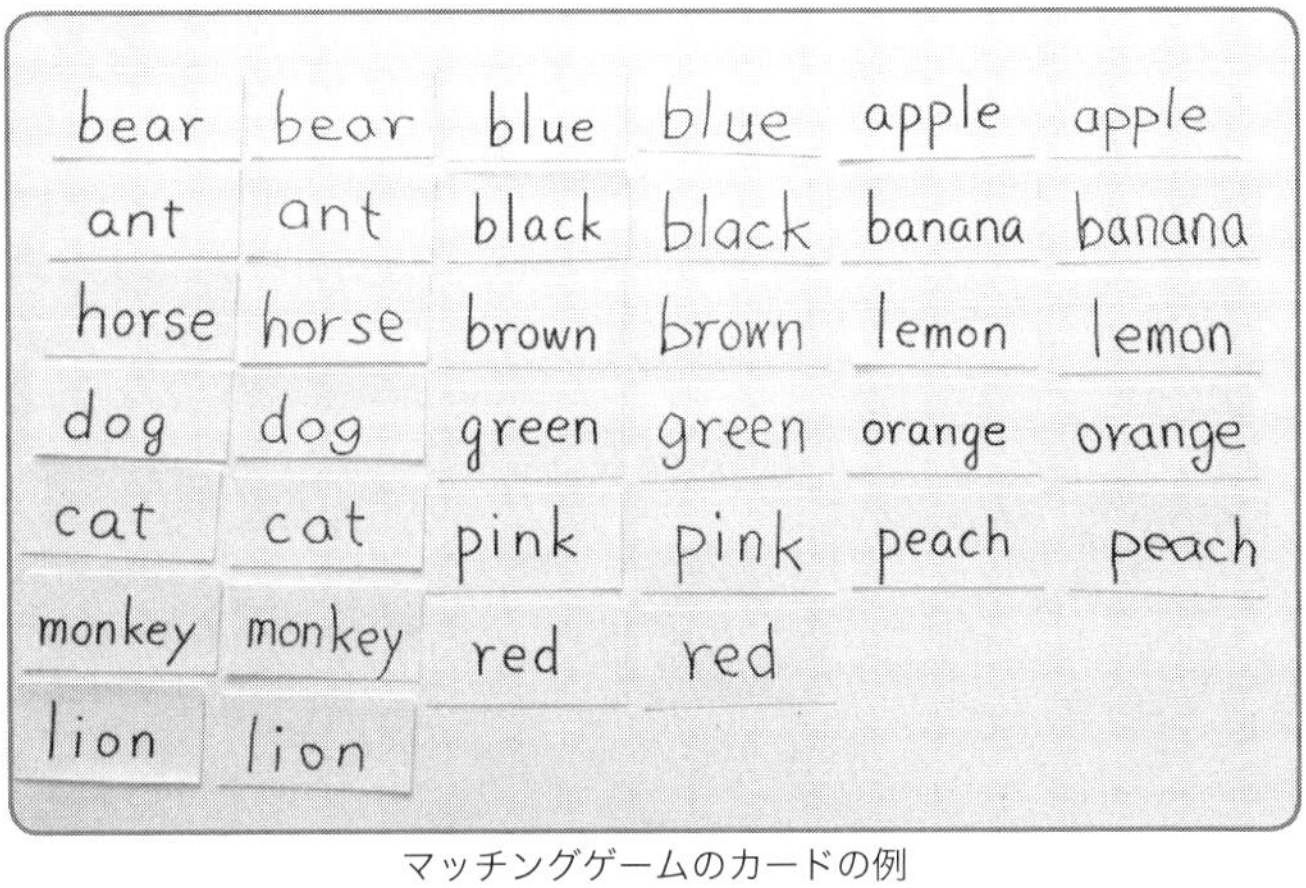

マッチングゲームのカードの例

〈マッチングゲームに使えるジャンル別単語例〉

Colors（色）		Fruit（果物）	
black	黒	banana	バナナ
blue	青	cherry	さくらんぼ
brown	茶色	grape	ブドウ
green	緑	grapefruit	グレープフルーツ
grey	灰色	lemon	レモン
orange	橙色	melon	メロン
pink	桃色	orange	オレンジ
purple	紫	papaya	パパイア
red	赤	peach	桃
tan	金茶	pear	梨
violet	菫色	pineapple	パイナップル
white	白	strawberry	イチゴ
yellow	黄色	watermelon	スイカ
gold	金色		
silver	銀色		

Animals（動物）		Body Parts（からだの部分）	
ant	アリ	head	頭
alligator	ワニ	hair	髪の毛
bat	コウモリ	face	顔
bear	クマ	ear(s)	耳
beaver	ビーバー	eye(s)	目
buffalo	バッファロー	nose	鼻
cat	ネコ	mouth	口
camel	ラクダ	eye-brow(s)	眉毛
cheetah	チーター	eye-lash(es)	まつ毛
chicken	ニワトリ	forehead	おでこ
cow	ウシ	chin	あご
deer	シカ	neck	首
dog	イヌ	shoulder(s)	肩
duck	アヒル	arm(s)	腕
elephant	ゾウ	elbow(s)	肘
giraffe	キリン	hand(s)	手
gorilla	ゴリラ	chest	胸
hippo	カバ	back	背中
horse	ウマ	stomach	おなか
kangaroo	カンガルー	hip	腰
koala	コアラ	leg(s)	脚

Numbers（数字）		Vegetables（野菜）	
one	1	beans	豆
two	2	cabbage	キャベツ
three	3	carrot	ニンジン
four	4	celery	セロリ
five	5	corn	とうもろこし
six	6	cucumber	きゅうり
seven	7	eggplant	なす
eight	8	garlic	にんにく
nine	9	green pepper	ピーマン
ten	10	mushroom	マッシュルーム
eleven	11	onion	たまねぎ
twelve	12	peas	エンドウ
thirteen	13	parsley	パセリ
fourteen	14	potato	ジャガイモ
fifteen	15	pumpkin	かぼちゃ
sixteen	16	radish	かぶ
seventeen	17	spinach	ほうれん草
eighteen	18	sweet potato	サツマイモ
nineteen	19	tomato	トマト
twenty	20		

Family（家族）		Stationery（文房具）	
father	お父さん	book	本
mother	お母さん	bookcase	本箱
brother (big/little)	兄 / 弟	box	箱
sister (big/little)	姉 / 妹	brush	ブラシ
grandfather	おじいさん	crayon	クレヨン
grandmother	おばあさん	compass	コンパス
baby	赤ちゃん	eraser	消しゴム
uncle	おじさん	globe	地球儀
aunt	おばさん	map	地図
cousin	いとこ	notebook	ノート
		paper	紙
		pencil	鉛筆
		pencil-case	鉛筆ケース
		pencil-sharpener	鉛筆削り
		ruler	定規
		scissors	はさみ

A ジェスチャーゲーム

親子で、お互いにジェスチャーをして、相手のジェスチャーが何を意味しているかを当てっこします。動物やアクション、感情などのジャンルが面白いです。動物は前のページの単語表を参考にして下さい。

アクションなら、

“You are sleeping.”（あなたは寝ている）“You are jumping.”（あなたは跳ねている）“You are walking.”（あなたは歩いている）“You are eating.”（あなたは食べている）など。

感情などなら、“You are happy.”（あなたは幸せ）“You are sad.”（あなたは悲しんでいる）“You are shy.”（あなたは恥ずかしがり）“You are tired.”（あなたは疲れている）“You are scared.”（あなたは怯えている）“You are angry.”（あなたは怒っている）など。

ジェスチャーの回答は、できればセンテンスで、“You are ～.”（あなたは～）または、“I am ～.”（私は～）で答えましょう。

〈ジェスチャーゲーム　参考例〉

Actions 行動		EmotionsConditons・ Conditons 感情・状態	
You are dancing.	あなたは踊っています	I am happy.	私は幸せです
You are drinking.	あなたは飲んでいます	I am sad.	私は悲しいです
You are eating.	あなたは食べています	I am angry.	私は怒っています
You are sleeping.	あなたは寝ています	I am pleased.	私は喜んでいます
You are reading.	あなたは読んでいます	I am scared.	私は怖いです
You are running.	あなたは走っています	I am surprised.	私は驚いています
You are walking.	あなたは歩いています	I am tired.	私は疲れています
You are brushing.	あなたは磨いて / とかしています	I am thirsty.	私はのどが渇いています
Your are jumping.	あなたは跳ねています	I am sleepy.	私は眠いです
You are writing.	あなたは書いています	I am sick.	私は気分が悪いです
You are cleaning.	あなたは掃除をしています	I am hungry.	私はお腹が空いています
You are cooking.	あなたは料理をしています	I am hot.	私は暑いです
You are crying.	あなたは泣いています	I am cold.	私は寒いです
You are making.	あなたは作っています	I am nervous.	私は緊張しています
You are skipping.	あなたはスキップしています	I am shy.	私は恥ずかしがっています
You are sitting.	あなたは座っています		
You are waiting.	あなたは待っています		
You are washing.	あなたは洗っています		
You are opening.	あなたは開けています		
You are closing.	あなたは閉めています		
You are throwing.	あなたは投げています		
You are catching.	あなたは受けています		
You are carrying.	あなたは運んでいます		
You are swimming.	あなたは泳いでいます		
You are playing.	あなたは遊んでいます		
You are kicking.	あなたは蹴っています		
You are studying.	あなたは勉強しています		
You are painting.	あなたは色を塗っています		
You are laughing.	あなたは笑っています		
You are talking.	あなたは話しています		
You are singing.	あなたは歌っています		
You are listening.	あなたは聞いています		

ゲッシングゲーム

ある程度英語が理解できるようになったら、言葉でヒントを与えて何のことを言っているのか当てるゲームをしてみましょう。

例えば、"It's yellow."（黄色いもの）"It's sour."（すっぱいもの）"It's a fruit."（果物）がヒント。

答えは "It's a lemon!"（レモン）

また、"It's big."（大きい）"It's brown."（茶色）"I can see it in the zoo."（動物園にいる）がヒントならば、答えは "It's a bear!"（クマ！）など。

ご両親ばかりがヒントを出すのではなく、子どもにもヒントを出させるといいでしょう。

次のページにゲッシングゲームの出題例を書いておきますので参考にして下さい。

〈Guessing Game Idea（ゲッシングゲームアイデア）〉

word（単語）	tips（ヒント）
Apple	It is a round fruit. / It has red, green or yellow skin.
Ball	It is round. / There are several different kinds. / You can play soccer with it.
Bee	It is an insect. / It is black and yellow. / It can make honey.
Bicycle	It has two wheels. / You can ride it.
Bird	It has wings. / It has feathers. / It can fly.
Dolphin	It lives in the sea. / It is a clever animal. / It is not a fish.
Fish	It lives underwater. / We eat some kind of it.
Giraffe	It is a tall animal. / It has a long neck.
Hospital	It is a building. / Doctors and nurses work there.
Kitchen	It is a room. / There are many cups and plates. / You can cook there.
Leg	It is a part of the body. / You use them for standing and walking.
Mouth	It is a part of your face. / You can talk with it. / You can eat with it.
Park	You can play there. / You can see a slide there.
Penguin	It lives in cold places. / It is a black and white bird. / It can swim well.
Star	You can see them at night. / You can see them in the sky. / It is a bright light.
Zebra	It looks like a horse. / It has black and white stripes.

ボードゲーム

日本のすごろくの英語版。簡単なのは、紙に升目を書いて、その中に単語を書いていくだけ。最初をStart、最後をGoalにすればいいのです。

絵が得意な方は、ボードを楽しくアレンジして描いてくださいね。これも、子どもと一緒に絵を描いたりしても楽しいと思います。

遊び方は、サイコロを振って出た数だけ進みます。その時、書かれた単語を読むことがルール。早くゴールにたどり着いた方が勝ち。簡単でしょう?

これは、どんなジャンルの単語でもできま

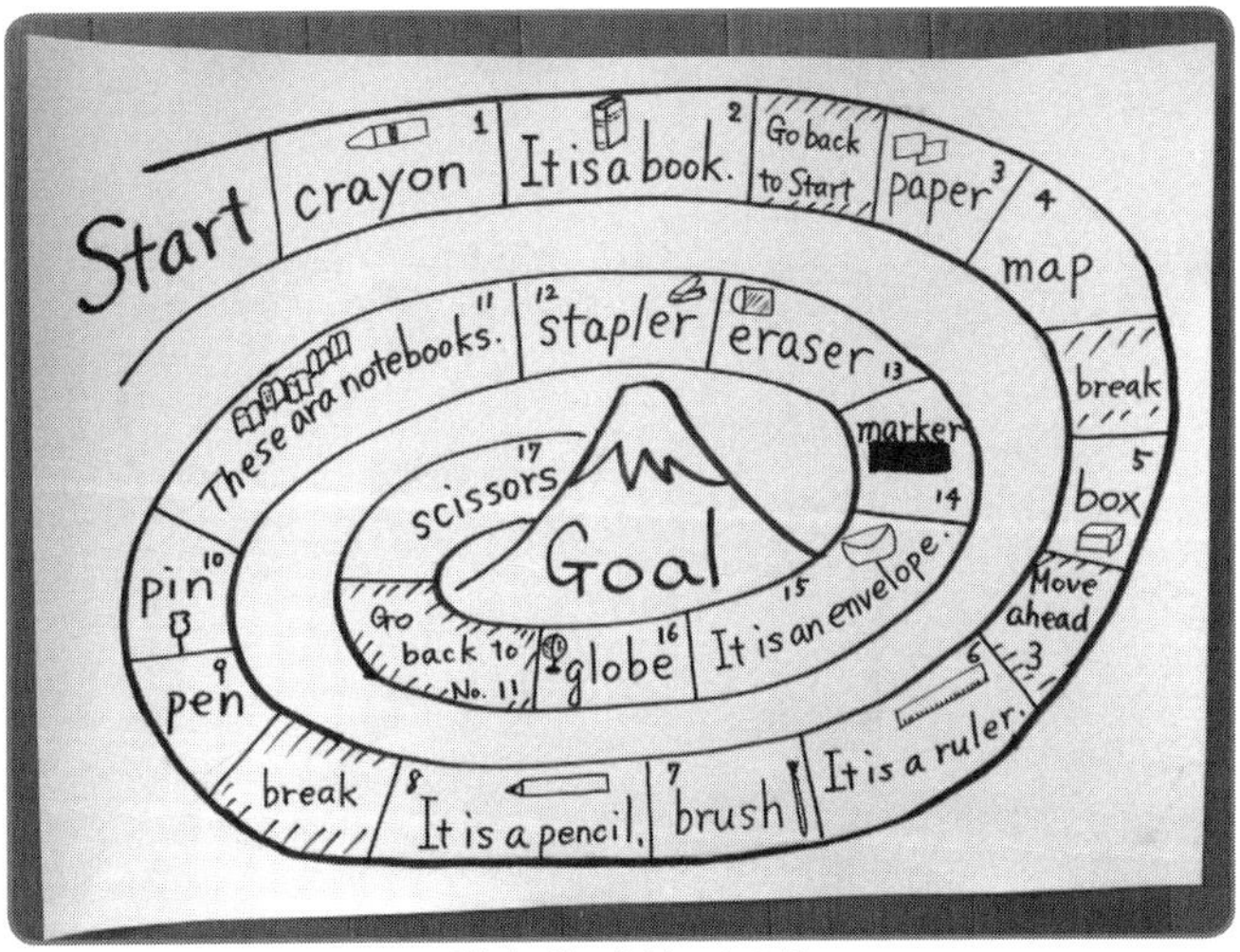

手作りボードゲームの例

すし、いろいろなジャンルのものを交ぜて書いてもいいです。

レベルが上がってきたら、センテンスを書いてみましょう。必ず声に出して読むというルールを忘れないでくださいね。

英語でカードを書いてみよう

お誕生日や父の日、母の日、敬老の日などには、英語でカードを書いてみましょう。

お誕生日なら、"Happy Birthday!"（お誕生日おめでとう）。父の日、母の日なら、"Happy Father's (Mother's) Day!"（父の日・母の日おめでとう）。敬老の日には、"I Love you,Grand-pa & Grandma!"（おじいちゃん、おばあちゃん大好き！）など簡単なものでいいのです。

手書きの絵に、これらの言葉を添えるだけで、素敵な英語のカードになります。

カード作りは楽しくて簡単なので、幼児の、英語を書くことへの導入としてお勧めです。

アルファベットだけでも OK

長い単語や難しい単語は、上からトレースできるように、点々であらかじめ書いておいてあげるといいですよ。

カードについては、Eメールで送るカードを紹介しているアメリカのサイトがあります。アメリカらしいユーモアにあふれたアニメになっていて、見るだけでとても楽しく、バースデーだけでなく季節のグリーティングなど幅広いジャンルのカードがありますので、ぜひ親子で見てみてください。

メッセージも出てきますので、手書きカードの参考にするといいでしょう。

〈カードを書くのに参考になるサイト〉

・『123Greetings』

http://www.123greetings.com/

次のページにカードの例文をご参考までに一部書いておきます。

〈カード例文〉

お誕生日

Wish you a very Happy Birthday!
ハッピーなお誕生日になりますように！
Wishing you plenty of wonderful moments. Happy Birthday!
あふれんばかりの素晴らしい時を！　お誕生日おめでとう！
Happy Birthday to you! May all your wishes come true!
お誕生日おめでとう！　あなたの望みが全て叶いますように！

母の日

I love you Mom and have a great day!
ママ大好き、いい一日を！
You are the best Mom in the world. I love you!
ママは世界一のママ。大好きだよ！
Love you Mom! I wish you have a fantastic day!
ママ愛してるよ！　素敵な一日でありますように！

父の日

Dad, you are the best!
パパは一番！
You are my superhero! I love you, Dad!
パパは僕のスーパーヒーロー！　パパ大好き！
Love you Dad! Thank you for everything!
パパ大好き！　いろいろありがとう！

敬老の日

You are very special to me! I love you!
おじいちゃん（おばあちゃん）は私の大切な人！　大好きです！
I love you, grandpa and grandma! A big hug for you!
おじいちゃん・おばあちゃん大好き！　大きな愛を！

欧米のイベントを楽しもう

英語を学び始めたら、欧米のイベントも楽しんでみませんか？
違う言葉を話す人たちには、当然ながら、違う文化があり、違うお祭りがあるのだと教えてあげましょう。
英語という言葉そのものだけでなく、その奥にある文化や習慣にも興味を持つようにしてあげると、英語の世界がもっと広がっていきますので、英語学習を続けるモチベーションにもなると思います。

Easter　イースター

イースターとは、復活祭とも呼ばれ、イエス・キリストが死後3日目に復活したことを祝うキリスト教のお祭りです。

宗教色が強いことや商業ベースに乗りにくいこともあって、日本ではあまりポピュラーになっていませんが、キリスト教ではクリスマス以上に大切な行事です。

イースターは日が決まっているわけではなく、「春分の日の後の最初の満月の次に訪れる日曜日」とされています。ですから3月後半から5月初めのどこかの日曜日がイースターということで、毎年変わります。

イースターには、生命の象徴としての卵を、染めたり絵を描いたりしてイースターエッグというカラフルな卵を飾ります。

また、子どもをたくさん産むことから、ウサギがイースターの象徴になっています。

●イースターエッグを作ってみよう

【用意するもの：ゆで卵／お酢／食紅／スティッカー（シール）／マジック】

本来は卵の中身を出して、殻だけを使いますが、中身を出すのが手間なのと、力加減のうまくできない幼児はすぐに割ってしまいますので、私のスクールではゆで卵を使います。

1カップのお湯に小さじ1杯のお酢を入れ、好きな色の食紅を適量入れ染料を作ります。

ゆで卵を染料の中に浸して、色がついたら引き上げて乾かすだけです。

染めた卵にスティッカーを貼ったり、マジックで絵を描いたりしても楽しいです。

たくさん作りたいときは、発泡スチロールやプラスティックの卵がクラフト材料として売っていますから、それに絵を描いてもいいですね。でないと、後でゆで卵ばかり食べないといけなくなりますから。

イースターエッグをたくさん作ったら、お部屋に飾ったり、お部屋や庭に隠して、イースターエッグハンティング（卵探し）というゲームもできます。子どもの友達を招待して遊んでみてはいかがですか？

楽しそうな模様の卵とウサギや卵のカード

●イースターバニーを作ってみよう

【用意するもの:厚紙／ヘッドバンド／ペン／コットン】

ウサギの耳のヘッドバンドはとても簡単。

厚紙にウサギの長い耳を描いて色を塗り、ヘッドバンドにくっつけたら出来上りです。コットンを貼り付けると、もっとウサギっぽくなります。

子どもはヘッドバンドが大好きですよ。

Halloween　ハロウィーン

日本でももうすっかり楽しいお祭りとしてお馴染みになったハロウィーンですが、もともとは古代ケルト人の、秋の収穫を祝い悪霊などを追い払う宗教的なお祭りでした。

ハロウィーンは10月31日で、この夜は死者の霊や悪霊

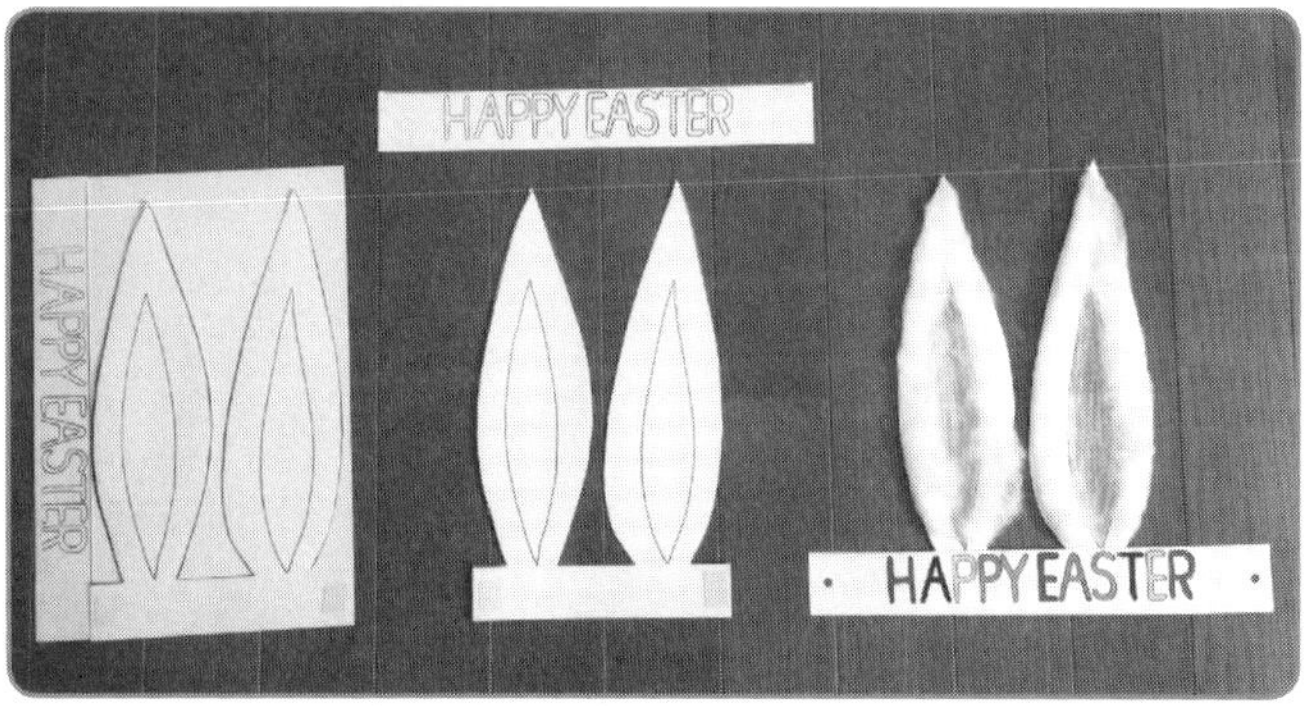

イースターバニー。左から紙に下書き→切り取り→色づけ後コットン付ける

や魔女などが出てくると信じられ、魔よけのために、かぼちゃをくり抜いて作ったジャック・オー・ランタンという提灯を玄関に飾ります。

死者の霊が戻るというのは、日本のお盆とちょっと似ていますね。

欧米のかぼちゃはとても大きくて、ちょうど日本のスイカのように中が柔らかいので、くり抜いて提灯にできます。

子ども達は、魔女やお化けに扮装して、近くの家を1件1件訪ねて、"Trick or treat.(お菓子をくれなきゃいたずらするよ)"と言ってお菓子をもらいます。

以前は、ガイコツやフランケンシュタインや魔女やお化けなど、人を怖がらせる扮装が中心だったのですが、最近は男の子はヒーロー、女の子はプリンセスの扮装をするようになりました。女の子はプリンセスのドレスを着るのを何か月も前から楽しみにしています。変装用のコスチュームも大きなトイショップや量販店やアマゾンなどで、2000円前後で簡単に手に入るようになりました。

なお、ハロウィーンには、水に浮かべたリンゴを、手を使わずにかじるという、日本のパン食い競争みたいな、apple bobbingという有名な遊びがあります。

普通のリンゴは大きすぎて子どもには難しいですが、ピンクレディーという品種は小粒でやりやすいでしょう。見つけられなかったら、他の小さい果物で代用してもいいですね。

他にも、ピンポン玉を目玉に見立てて（目玉の絵を描きます）、スプーンに載せて走るというゲームやトイレットペーパーを使ったミイラ作りというゲームも楽しくて、私のスクールでも昔はよくやりましたが、最近はエコの観点から、トイレットペーパーを使うゲームはやめています。なにせ大量に必要になりますので。

ハロウィーンのテーマカラーはオレンジと黒です。

●ジャック・オー・ランタンを作ってみよう

オレンジ色の紙を、かぼちゃの形（日本のトマトのような形）に切ります。それに黒のマジックで目、鼻、口を描けば出来上がり。

小さいジャック・オー・ランタンを黒のひもや毛糸などでたくさんつなげて、お部屋に飾ると、たちまちハロウィーンの雰囲気になります。

ジャック・オー・ランタンの飾りでハロウィーン気分に

●魔女のコスチュームを作ってみよう

黒のビニール袋を、首と両手がはいるように切ります。

ビニールに描けるマジックで絵を描いたり、いろいろな形の紙を貼って模様をつけるとかわいいです。

黒の紙を円錐形に切って丸くすると、魔女の三角帽子の出来上がり。

最近は１００円均一などでも可愛らしいアイテムが売られていますので、チェックしてみてください。

仮装する子ども達と先生

Thanksgiving Day　サンクスギビングデー

サンクスギビングデー（感謝祭）は、イースターと同様、商業ベースにのりにくいこともあって、日本ではほとんど知られていませんね。

サンクスギビングデーは、アメリカでは11月の第4木曜日、カナダでは10月の第2月曜日と、日が違うことなども日本では流行らない原因の1つかもしれません。

Thanksgivingは、その名の通り秋の収穫に感謝するお祭りです。この時期は、まとまった休みが取りやすく、家族や親せきが集まったり、友人を招待したりして食事をすることが多いようです。

Thanksgivingのご馳走は何と言っても七面鳥。ローストチキンではなくローストターキーです。他に収穫された野菜や果物を使って、お節料理のようにたくさんの料理を作りおきしておきます。

特に子どもが喜ぶようなイベントはないのですが、メイシーズというデパートがニューヨークで開催するサンクスギビングパレードが盛大で有名です。

Christmas　クリスマス

クリスマスは、子ども達にはきっとケーキを食べて、サンタさんからプレゼントをもらう日と思われているでしょうね。

本来は、イエス・キリストの誕生を祝う日で、日本の元旦のように、家族で静かにお祝いします。故郷を離れて仕事をしている人達も、クリスマスには実家に戻り家族と過ごすのを楽しみにしているようです。

日本でもハロウィーンが終わると、たちまちクリスマスムード一色になりますので、私のスクールで仕事をしていた外国人も、クリスマス前にはホームシックになると言っていました。

子どもにプレゼントをあげるのは、日本でも欧米でも同じで、デパートのおもちゃ売り場は大賑わいになります。欧米では、誕生日とハロウィーン、そしてクリスマスが、子どもにとって待ち遠しい大きなイベントでしょう。

クリスマスのテーマカラーは緑と赤です。

①ツリーの形を２枚作りきりこみを入れる

②差し込めば３Dツリーに

●クリスマスツリーを作ってみよう

緑か白の厚紙をクリスマスツリーの形に切ります。別にエンゼルやキャンディケインの絵を描いた小さなオーナメントをいくつか作り、吊り下げ用の穴をあけておきます。

ツリーの端に穴をあけ、モールなどでオーナメントをぶら下げると、簡単だけれど結構豪華なツリーになります。

ツリー2枚に上からと下から半分まで切り目を入れて（右下図参照）、差し込むと3Dのツリーができます。

●クリスマスカードを書いてみよう

クリスマスカードには、新年のお祝いを一緒に書くことも多いです。

単に2つ折りにした紙に書くだけでなく、例えば、紙の片方をクリスマスツリーのようにギザギザに切るだけでもかわいいカードになりますよ。

クリスマスカード

家庭学習の注意点と心構え

山と積まれた教材は親にも子にもプレッシャー！

ここで、家庭での英語学習を成功させるために、学習を続ける上での注意点や心構えをお話しします。

「さあ、英語学習頑張ろう！」と張り切るのはいいですが、たくさんの教材セットをいっぺんに買うのはお勧めしません。

最初のうちは張り切って使用するでしょうが、買った教材を消化するのに一生懸命になり過ぎて、子どもにもつい無理強いをしてしまうなんてことがあるかもしれません。

また、高いお金を払って買ったら、親も意地になって「使わないともったいない！」と楽しむどころか義務のように感じてしまうかもしれません。

子どもの場合、昇進や昇給といったインセンティブもなければ、すぐに必要に迫られているわけでもありませんから、最初からあまりに高い目標を設定すると、くじけてしまうことが多いです。

自分の体力の及ばない山にいきなり登れと言われたら、登る前に無理だと諦めてしまいませんか？　体力をつけるためには、まずは低い丘や山から始めますよね。体力がついたら、もっと高い山に登りたいという意欲も出てきます。

最初から山のように積まれた教材は、頂上の見えない山を目の前にして、さあ登れと言われているようなもの。親にも子にもプレッシャーになってしまいます。英語学習を始めたものの、途中で息切れして挫折、教材は押入れの肥やしなんて話も山ほど聞きました。

もし、まとめて買ってしまっていたら、まず目標とする低いレベルのものだけ目に触れるようにして、それが終了したら、それをやり遂げたという達成感や喜びを十分味わわせましょう。そうしてから次のレベルのものを出して目標にします。その達成感を味わったらまた次へ。その繰り返しです。上級のものは当面隠しておきましょう。

AA 教材は子どもの好みに合わせること

子どもは好き嫌いがとてもはっきりしています。親がどんなに面白いとか楽しいと思って与えても、まったく興味を示さないということがあります。

ですから、教材を購入する時は、子どもがどんなものに興味を持っているか、また、持ちそうかをよく観察してから購入しないと結局無駄になってしまいます。

また、仮にYou Tubeやテレビ番組で子どもが選んだレッスンの内容が、ご両親の好みでなくても、子どもが喜んで見ているなら、我慢して子どもの好みに合わせてください。

英語子育てに成功した人が使っていたからとか、巷で人気だからという理由で、「こっちにしなさい!」とか「こっちの方が役に立つわよ」などと親が押しつけては、子どもが英語そのものに興味をなくしてしまう恐れもあります。

英語子育てに成功した人の体験談は、あくまでもその子の性格や感性に合っているものを選んでいたということです。子どもは1人1人違います。自分の子どもがその子と同じ能力を持ち、同じ嗜好だとは限りません。同じことをしようとしてもうまくいかなかった人もたくさんいるはずです。

いくら世間の評判がいい教材でも、子どもが興味を示さなければ、あきらめましょう。年齢とともに好みも変わっていくと思いますが、教材は子どもの興味に合わせて与えていきましょう。

できなくてもけなしてはダメ！　できたことを褒めよう

英語が得意ではないとは言っても、親は学校で何年も英語を習ってきていますね。ですから、子ども向けの簡単な単語や文章ならある程度は読めて当然です。

でも、子どもは違います。生まれて初めて聞く単語だったりするわけです。

教材やYou Tubeで一緒に学んで、その時は「覚えた！」と思っても、後で聞くとすっかり忘れていたりもするでしょう。英語の会話を覚えて親が英語で話しかけてみたけれど、まったく反応できなかったということもあるでしょう。

日常生活の中で必要に迫られているわけではありませんから、なかなか覚えられなかったり、うまくリピートできなかったりするのは当たり前。

それを、「こんな簡単なことがどうしてできないの？」「何回も言っているのに、どうして覚えられないの？」などとけなしたりしては、絶対にダメですよ。

できなくて当たり前だと思いましょう。そして、できたことをどんどん褒めて、自信をつけさせていきましょう。

習慣づけるためにご褒美も活用しよう

英語学習の継続には、目に見えるご褒美も効果的です。

この場合のご褒美は、別にお金のかかるプレゼントなどである必要はありません。子どもは、何かを集めるのが大好きですから、それをうまく活用すればいいと思います。

例えばスティッカー。100円ショップであらゆる種類のスティッカーが売られています。その中から子どもの好きそうなものを選んで、毎日英語学習をした印に貼っていくのです。最初にかわいい卓上カレンダーを与えておき、自分で貼らせるといいでしょう。

余談ですが、このスティッカー、日本ではシールとして売っていますね。でも、シールは、例えば手紙の封をする時に使うもののような、ちょっと硬いビジネスライクな言い方です。子どもが貼るようなものはスティッカーなのです。

カレンダーに貼られたスティッカーが歯抜けみたいに抜けるとちょっと気持ち悪いなんて思わせられたら大成功。

そして、１か月毎に小さなご褒美を上げるのもいいですね。

私なら、１００円とか５００円とかのご褒美を渡して、「僕の海外旅行貯金箱」や「私の海外留学貯金箱」なんていうのを作らせて、そこに貯めさせるかもしれません。貯金箱には子どもが行きたい国の国旗や写真などを貼って、「外国に行く」という夢を身近なものに感じさせる工夫をします。英語学習を長く続けさせる動機づけにするのです。

子どもがほしがる物を与えるのもいいですが、できれば地球儀とか、国旗の図鑑など英語学習に関連したものがいいですね。

それぞれのご家庭で、負担にならず、子どもが喜び、なおかつ役に立つようなインセンティブを考えてみましょう。

家庭での学習はどんなふうに取り組めばいいの？

1日の学習スケジュール

では最後に、日本の幼稚園、保育園に通っている5歳児という設定で、これまで紹介した学習方法をどのように家庭で取り入れていけばいいか、参考までに簡単にお話しします。

まず、日々のレッスンはどのようにすればいいか、だいたいの流れをお話しします。

朝起きたら幼稚園や保育園に行くまで、英語の歌や放送、ＣＤやＤＶＤを流しておきましょう。これは常に英語が耳に入る環境作りのためなので聞いていなくても構いません。

幼稚園や保育園に行く用意ができたら出かけるまで、英語のＤＶＤやYouTubeなどの短いレッスンやストーリー、または歌を見ましょう。10分から20分ほど余裕をもたせて朝起こせば、幼稚園や保育園に行く前に時間がとれますね。忙しい朝はYou Tubeにお任せでいいでしょう。

幼稚園から帰ったら、また英語はかけ流しておきます。おやつを食べながら、自然と英語が耳に入るといった感じです。そして、10分から30分くらい時間を取って、ＤＶＤやYou Tubeなどで英語のレッスンや歌、アニメや映画を見ます。

保育園に通っている場合は、ここは飛ばしても構いません。

夕食後用事がすめば、さらに英語ＤＶＤやYou Tubeを見るか、英語絵本を見る時間を取ります。英語の読み書きに興味を示し始めたら、ワークブックも取り入れましょう。最初は５分から10分くらいで構いません。

子どもは英語学習だけをすればいいわけではなく、他のお稽古もあるかもしれませんし、お友達と遊ぶ時間も大切でしょうから、無理のない範囲で進めてください。ただもし、お稽古ごとや買い物などで車で移動することがあれば、ネイティブスピーカーが吹き込んだ英語ＣＤなどのかけ流しをしてください。

学習は、たとえ１回10分でも、１日３回やれば30分になります。20分ずつやれば、１日１時間学習できることになります。楽しい英語のＤＶＤやYouTubeを見るだけですから、これなら、毎日続けられますよね。

年間の学習スケジュール

今度は、具体的な学習の進め方についてお話しします。

英語学習を始めることを決意した1か月目は、英語のかけ流しと子どもが好きそうな英語の歌を10分くらい聞かせることから始めてみましょう。DVDでもYouTubeでもテレビ番組でも構いません。教材を購入したなら、最初のレベルから始めてください。

1回の学習時間は、子どもが集中できる10分から20分くらいで、朝と夜の2回できればベターですが、十分英語に興味を持つ前に強制してしまうと、逆効果になる場合があります。たとえ少しの時間でも毎日続けることを最初の目標にしましょう。

2、3か月目くらいから、子どもが英語の歌を歌い出すなど興味を持ち始めたら、同じくDVDやYouTubeなどで、アルファベットや物の名前や挨拶などが覚えられるレッスンや歌、また短めのアニメなどを見せていきましょう。1回の学習時間は、15分から20分で構いませんが、できれば朝と夜の2回計30分は毎日続けることを次の目標にしてください。

3、4か月目あたり、子どもが英語の歌を歌ったり、覚えた英語を嬉しそうに口にするなどし始めたら、ＤＶＤやYouTubeなどのそれまでのレッスンに加えて、英語の絵本や英語の童話や昔話なども見てみましょう。

さらに半年くらい経って、読み書きにも興味を持ちだしたら、それまでの学習に加えて、ワークブックの初心者レベルを始めてください。時間的には1日1時間を目指します。ただ、1度に1時間レッスンしようとすると、小さい子どもには苦痛になってしまうこともありますから、20分ずつ3回にわけるようなやり方がいいでしょう。朝（幼稚園や保育園に行く前）・昼（幼稚園から帰ってから）・夜（寝る前）の3回か、朝と夜の2回に分けても構いません。自分たちの生活のリズムに合わせてください。

絵本やワークブックなどにどの程度興味を持つか、また間違いを気にせずどんどん口に出せるのか、恥ずかしがってなかなか言えないかなど、性格的にも個人差がありますから、無理にさせようとはしないで、あくまで子どもの興味に合わせて取り入れていきましょう。

半年から1年くらいは、インプットの期間だという認識で取り組んでください。

早ければ半年目くらいから本格的にアウトプットさせていきますが、子どもの性格によっては、どんどん口に出せる子もいますから、その場合は、インプットとアウトプットを同時進行で進めて構いません。ゲームや歌を通して楽しみながら行いましょう。

〈1か月～半年までのレッスン例〉

1か月目　時間: **20分**　目標:歌を通じて英語に慣れる

● 朝・晩:You Tube歌(ABC Songs and more Nursery Rhymes!等)(各10分)

【単語】:アルファベット、数字、簡単なアクション、色、家族…など

【歌】:The Wheels on the bus、Baa,Baa,Black Sheep、Twinkle Twinkle Little Star、5Little Ducks、5Little Monkeys、Hickory Dickory Dock、This Old Man…など

2か月目　時間: **20分**　目標:単語が少し聞き取れるようになる

● 朝・晩:You Tube歌(Super Simple Songs等)(各10分)

【単語】:アルファベット、数字、動物、ボディパーツ、フォニックス…など

【歌】:Bingo、Walking In The Jungle、Old MacDonald Had A Farm、10 In The Bed、Open Shut Them、Head Shoulders Knees&Toes…など

3か月目　時間: **30分**　目標:アルファベットを覚える

● 朝・晩:You Tube歌(ABC Songs for Children等)(各15分)

【単語】:アルファベット、数字…など

【歌】:Shapes Song、ABC Song、5 Little Monkeys、Head Shoulders Knees&Toes、Numbers Song…など

4か月目　時間: **40分**　目標:好きな歌を口ずさむ・基本的な単語を覚える

● 朝:You Tube歌(Kids Song Collection等)(20分)

● 晩:You Tube歌(5分)/You Tube・DVDショートストーリー(10分)/読み聞かせ(5分)

【単語】:形、色,プレポジション、曜日、フォニックス、ボディパーツ、簡単な会話…など

【歌】:Alphabet song、10 Little Numbers、The Wheels on the Bus、Where's the Monkey?、ABC Song、Numbers Song、Phonics Song、…など

5か月目　時間: **50分**　目標:文字と音とのマッチングで英語の文字に慣れる

● 朝:You Tube歌(Learning Videos等)(20分)

● 晩:You Tube歌(5分)/You Tube・DVDショートストーリー(10分)/英語絵本を読んでみる(10分)/マッチングゲームカード作り(マッチングゲーム用のカードを毎日2～5枚ずつ書いていく。数がそろったらゲームを楽しむ)(5分)

6か月目　時間: **60分**　目標:簡単な挨拶や単語が言える、英語の歌を歌える

● 朝:You Tube(Peppa Pig等)(20分)

● 晩:You Tube・DVDショートストーリー(20分)/英語絵本を自分で読んでみる(10分)ワークブック(Preschool用)(10分)

7か月目以降　時間: **60分**　目標:ボキャブラリーを増やし、会話力をつける

● 朝:You Tube(Super Why等)(20分)

● 晩:You Tube(レッスン、歌、ショートストーリー)/英語DVD/英語絵本/ワークブック/映画鑑賞/英語サイト(Nick Jr./Starfall)/親子でゲーム(マッチング、ジェスチャー、ボード、ゲッシングゲーム)…の中から、1～3つのアクティビティを取り入れる

第4章

英語スクールに通わせるなら

英語スクールに通わせるなら

2、3章では、家庭でできる英語学習の方法をいろいろお伝えしました。「家庭で、毎日楽しくレッスンができて、成果が上がっている」と思えるなら、ぜひ頑張って家庭学習を続けてくださいね。

でも、共働きであったり、小さな赤ちゃんがいたり、大家族だったり、諸事情から、「なかなか家でそこまでできない」というご両親もおられるでしょう。

そこで、この章では、子どもをバイリンガルにする方法として、家庭学習以外の方法についてお話しします。

具体的にはスクールでの学習ということになりますが、スクールにもいろいろな形式があります。本書では一般的な英会話教室、プリスクール、オンラインの英語スクール、インターナショナルスクールの4種類についてお話しします。

A 英語・英会話教室のタイプ

やはり一般的に英語学習というと、すぐに浮かぶのは英会話教室でしょう。

たいていどこの町にも1件や2件の英語教室はあるのではないでしょうか?

普通の英語教室なら、週に1回、50分程度のレッスンというのが一般的だと思います。

一口に英語教室といっても、その考え方ややり方は様々。教室には、1、2歳児のための親子で学べるコースから、小、中、高校生まで、幅広いクラスがありますが、やはりそれぞれ得意不得意があり、対象年齢をある程度絞っている教室が多いでしょう。

また、読み書き文法というお勉強的要素を重視する教室もあれば、歌やゲームなどで楽しく英語に触れさせるという教室もあります。

たいていは、キャッチコピーを見れば、どんな教室か、どんな考え方でやっているか分かると思います。

最近の傾向としては、英語の聞く・話す・読む・書くをバランスよく学ばせるというキャッチが多いです。以前は、ゲームを通して楽しく遊びながら学ぶというのが主流でしたが、それでは効果が出ないということになっているようです。

大手の教室で、例えば、「先生の質や研修を重視」というようなことが書いてあれば、ネイティブの先生を採用している可能性が高いです。ただ、この「質」は、人間性のことを言っている場合もありますので、英語のネイティブスピーカーが教えてくれるのかどうかはきちんと確認する必要があります。そのため、これはあくまで目安と考えてください。

また、「英語検定に合格多数」というようなことが書いてあれば、塾的要素の強い教室と考えられます。検定試験に合格者を多数出すことで、他の教室との差別化をはかろうとしているのですから、厳しい指導、または試験のためのテクニックを教えることが多いようです。

「わが子をぜひ資格試験に合格させたい！」というご家庭や、テストやお勉強が好きな子どもでしたら、そのような面を伸ばすことができるでしょう。

「ゲームを通して外国人と楽しく学ぶ」というようなことが書いてあれば、ゲームや歌を通して、会話を学ぶことがメインだと考えられます。

幼児の場合、外国人に慣れさせたい、英語を好きになってもらいたいというような目的なら、最初はこういう教室から始めるのがいいでしょう。英語が好きになれば、書くことや読むことにも興味が出てくるでしょうから、そうなった時点で、お勉強的な教室に移行するといいと思います。

ところで、英語を完全に習得するためには2000時間は必要といわれるのですが、一般の英会話教室ではどうでしょうか?

ここで簡単な計算をしてみましょう。

1週間に1回1時間のレッスンを受講するとします。1年は52週ですが、年末年始くらいは休むとして、1年に50週スクールに通ったとすると、すなわち1年で50時間ということです。3年習っても150時間です。

実はこれは、睡眠時間8時間を省いて計算すると、完全英語環境の中にたった10日ほどいたという程度にすぎません。

10年間続けたとしても500時間ですから、これは約1か月英語圏に滞在したのと同じことです。いくら必死で勉強しても1か月ではバイリンガルにはなれません。

でも、学校でも英語は習い始めますから、英語に触れる時間は実際にはもっと長くなります。ですから、学校での英語学習と英会話スクール、できれば短時間でも家庭学習を並行して続ければ、バイリンガルになることも十分可能でしょう。

通常の英会話教室の月謝は、日本人や外国人が個人でやっているところは週１回で４０００〜８０００円くらい、大手が立地の良い場所で開校している教室の場合は、８０００〜１万２０００円くらいです。

外国人講師か日本人講師か

英語教室には、外国人の先生というところもありますし、日本人の先生が教えるというところもあるでしょう。さて、どちらがいいのでしょう？

私が子どもの英語教育に携わる決心をしたのは、学校で習った英語と外国人から聞く英語が全然違うことにショックを受けたからでした。

ですから、１９８８年にスクールを開校した時から、当然ながら外国人講師を使うということが絶対条件でした。外国人の英語を聞きとれる能力を身に付けさせるのが大きな目的だったからです。

子どもの耳は柔らかく、どんな音でも聞き取れる能力を持っています。早期英語教育に効果があるというのは、まさしくそういう時期だからです。早くからお勉強をさせましょうということでは、決してないのです。

ですからそういう時期に、わざわざ日本語的なカタカナ英語を聞かせては意味がないとも言えます。聞くことに対しては、英語のネイティブまたは、それと同等の発音ができる人でなければ、昔の学校教育と変わらなくなってしまいます。

それと、もう1つ、外国人への抵抗や劣等感をなくすという目的もありました。

当然ながら外国人は、目の色や髪の色や顔立ちが違いますね。慣れていない人は、これらの違いのせいで苦手意識を持ってしまったり身構えてしまったりします。英語を話す以前に、外国人の前で緊張してしまっては、言いたいことも言えなくなってしまいますね。

外国人だって人間、笑いもするし怒りもする、失敗もするし、ドジもする。そんな姿を子どもの頃から見ていたら、外国人に対する変な劣等感など抱かず、緊張することもないと思いました。今でも、外国人講師がいいと思う理由は変わりません。

では、日本人講師ではだめなのでしょうか？

そんなことはありません。

私が英語スクールを始めた頃は、日本人が海外の大学に留学するというのは、まだそれほどメジャーではなく、ごく一部の限られたお金持ちくらいでした。

ところが、日本経済がどんどん上り調子になりバブル期といわれる頃には、多くの若者が海外へ留学するようになりました。そして、海外で真剣に学んだ人達は、ネイティブと同じように発音できるようになっています。

日本人は、第2言語として英語を学ぶわけですから、意識して発音し、文法や言葉の仕組みなども学んでいます。自分も英語圏の国で、英語で苦労しているので、日本人が英語を学ぶ上での問題点や苦手な点などをよく把握しています。

そういう意味では、ポイントを絞ってうまく指導してもらえるという利点があるでしょう。

もちろん、外国人でも長年日本で英語を教え、自分も苦労して日本語を身に付けた外国人は、両方の言葉の違いが分かりますから、日本人講師と同じように教えられるかもしれません。

もし、外国人に慣れさせたいということではなく、英語の読み書きをメインに習わせたいなど、会話以外の明確な目的がある場合は、日本人の先生に習うのもいいかもしれません。

私自身の考えは、子どもの性格にもよりますが、幼児期から小学校低学年くらいまではネイティブの外国人講師で、しっかり耳の訓練と口の動きを覚えさせ、外国人への抵抗もなくしておく。とにかく外国人に対して緊張しないというメンタル面の強さを身に付けさせておきたいと考えています。

そうして、年齢と英語のレベルが上がってきたら、具体的には小学校高学年以上になれば、外国人でも日本人でも、子どもに合う先生でいいのではないかと思います。

後で述べますが、英検受験などの目標設定をしていくならば、日本人講師の方がいいかもしれません。ただし、ネイティブの英語を聞く機会を完全になくしてしまってはダメです。ＤＶＤやYou Tube、または英語のかけ流しでネイティブの英語は聞き続けるということが前提です。

A 子どもに向いている先生の見分け方

これまで数えきれないくらいの講師を選んできた経験からお話しすると、まず、大人を教えるのと子どもを教えるのとは全く違う能力が必要だということです。

これは、当然と言えば当然ですよね。大学教授に幼稚園児を教えろと言っても無理でしょう。逆に幼稚園の先生に大学生に教えろと言っても無理です。

ある時、私の教室に、大学教授だった外国人が面接に訪れ、ぜひとも子どもに英語を教えたい、そのための研究をしてきたと言ってきたことがあります。大学教授ですから、それほど若くはありませんでした。

私は子どもを教えることがいかに大変で体力がいることか説明しましたが、彼は「どうしてもやってみたい」「絶対やれるから」と粘りました。

その熱意に応えて、彼を採用することにしました。

ところが、彼は1週間でギブアップしました。

「子どもを教えることがこんなに大変だとは思わなかった」とつくづく言っていました。

また、小学校の先生だったという外国人を採用したこともあります。普通なら、上手に子どもを教えてくれると思いますよね。

でも、結果は散々でした。なぜなら、彼女達は、自分はプロの教師だというプライドが高すぎて、言うことを聞かない日本の子ども達をおおらかに見ることができないし、日本のやり方に従おうとしなかったからです。

英語を学びに来ている子ども達は、先生に何を言われているか分からないことの方が多いのですから、先生の指示にすんなり従えません。言葉の通じるネイティブの子ども達しか教えていなかったプロの先生には、そういう我慢強さがなかったのです。

もちろん、すべての人がそういうわけではないと思いますが、子どもを教える先生に関しては、特に外国人の場合は、経歴だけで判断するのは得策ではないと思います。

では、子どもに向いている先生かどうか、どうやって見分ければいいのでしょう？

もし、英語教室に通わせようと決めたら、いくつかの候補をあげ、必ず見学か体験レッスンを受けに行きましょう。

その時、出てきた講師が、外国人であろうと日本人であろうと、まず子どもを見て、にこやかに声をかけてくれたら、その人はおそらく子どもが好きだろうと判断できます。

欧米は感情を外に出す文化ですから、外国人の場合は、日本人よりずっと分かりやすいです。

声をかけてくれても目が笑っていなかったり、すぐに目をそらして親に向けて営業トークを始めたりすれば、その先生はあまり子どもが好きではなく、生活のためにしているだけかもしれません。

子どもを教えるのは、体力もいりますし、なにより辛抱強くないと務まりません。毎日毎日、言ってみれば、幼稚園児が話すような会話を教えていくのですから、本当に子どもが好きな人でないと、長続きしないのです。

講師を選ぶ時は、子どもに対する目や表情をよく観察するようにしましょう。

体験専用の先生に気をつけて

外国人や日本人が個人でやっているような英語教室なら、オーナー兼先生ですから、その先生を見て、子どもに合うかどうか判断すればいいと思います。

ところが、大手の英会話教室では、たくさんの先生がいますし、どの先生が自分の子どもの担当になるか分かりません。

担任制で同じ先生が受け持つというシステムを取っている教室もあるでしょうし、その都度先生が変わる予約制のようなシステムを取っている教室もあると思います。

それはそれで、会社にとっても受講者にとっても、どちらにもメリット・デメリットがあることですから、自分に都合のいい方のシステムを取ればいいと思います。

気をつけなければならないのは、実は体験時と、実際にレッスンを受け持ってくれる先生がまったく違うことがあるということです。

ビルを借り、外国人講師を採用し、日本人スタッフも必要とする大手の英会話教室では、当然ながら莫大な経費がかかります。

ですから、1人でも多くの生徒を確保しなければやっていけません。そのために、体験の時だけ、みかけのいいかわいい外国人の女の先生を使ったりする教室があります。

子どもが体験の時の先生を気に入って入会したのに、二度とその先生に会わなかったなんていう話もよく聞きました。

もし先生を、そこに通う決め手とするならば、通うことを決める前に必ず担当になるのか確認したほうがいいでしょう。

ただし、今は、日本に来る外国人自体が減っています。外国人の場合は、日本人と結婚でもしていない限り帰国してしまう可能性があります。

しかも子どもを教えるのは大変ですから、早々にギブアップしてしまう外国人も少なくありません。外国人講師の場合、最初から講師は途中で変わるものと覚悟しておいた方がいいでしょう。

日本人好みのハンサムな先生や、女優さんやモデルさんのようなかわいい先生は、どこでも引く手あまたです。そんな先生が、ずっとわが子を担当してくれるなんて可能性は限りなく低いのです。

ただ、講師が変わることはデメリットばかりではありません。多くの違ったタイプの外国人に出会うのですから、外国人に対して物おじしなくなります。これはとても大きなメリットだと思いますし、英語の聞き取り能力も上がるかもしれません。

子どもに合う教室の見極め方

英語に限らず、ピアノでもバレエでも習ったら誰でも上手になるのかというとそうではありませんね。

また、どんなやり方でも、合う子と合わない子がいます。

楽しく学ばせることによって、興味を持ってやれるようになる子もいれば、厳しく指導することで、力を発揮する子もいるでしょう。

教室によって、それぞれ得意不得意があると思います。お勉強的にさせる教室では、落ち着きのない元気すぎる子どもを扱うのは苦手でしょうし、遊びながらというスタイルをとっているところは、体を動かすことが得意でなかったり、いわゆる冷めているような子どもを扱うのは苦手かもしれません。

英語教室を選ぶ時は、教室の特徴もさることながら、子どもの性格や特性も見極めて選ばなければ、せっかく幼児期から始めた英語教育が、逆効果になってしまうということもあります。

お勉強的で厳しく成果を出すことに力を入れているか、お遊び的で楽しく英語に触れさせようとしているかなど、教室の方針が子どもの性格に合っているかを見ること。

また、通っている人達のタイプはどうか？　競争意識の強そうなお母さん達が集まっていそうか、穏やかでのんびりタイプのお母さん達が多そうかなど、子どものみならず、お母さんにも合うかどうか。

さらに、どんなにいいと思える教室でも、たった1時間のために2時間かけて往復するというのでは、子どもが疲れ切って行くのを嫌がるようになってしまうかもしれません。無理なく通える範囲にあるかどうかも大切な要素だと思います。

教室を選ぶ時は、立地条件、教室の方針、先生の質、教室の雰囲気、教室の広さ、通っている生徒や親のタイプ、そして、何よりも体験を受けた子どもが、「ここに通いたい！」と言うかどうかなどを見極めて、判断しましょう。

英語プリスクール

英語プリスクールって？

英会話教室よりももっと長時間英語に触れさせたいと思われるのでしたら英語プリスクールがおススメです。私の教室もこのプリスクールタイプ（幼稚園型スクールと呼んでいます）です。

英語教育に関心が高い方はご存知でしょうが、まだ一般的にはそこまで知名度がないかもしれませんので、まずはプリスクールとは何かということをお話しします。

英語プリスクールとは、小学校に入学するまでに通うスクールで、英語で保育を行っている幼稚園や保育所と考えるといいでしょう。大抵は、ネイティブではなくても、外国人講師と日本人スタッフがいます。

プリスクールは、インターナショナルスクールに併設されている規模の大きいところもありますし、個人がやっている小さなスクールもあります。平均すると1日4～5時間くらいそこで過ごし、週に2日から5日まで、通園日数を選べることが多いです。

これらは、無認可施設（普通の保育園でも認可と無認可があります）ということになりますが、英語ブームに乗って、最近は、企業や大手英会話スクールや外国人などが、次々にプリスクールを開校しています。幼稚園はもともと義務教育ではありませんので、プリスクールへ入園させる人も増えています。

プリスクールにも、幼稚園に行くまでの乳幼児が中心のスクールもありますし、小学校入学まで幼稚園の代わりとして通えるスクールもあります。

英語のプリスクールであれば、そこで長い時間過ごすことになりますから、食べるとかトイレに行くとか、お昼寝のあるスクールだと寝るとか、たくさんの生活英語に触れることになります。英会話を学ぶというより、英語環境の中に入り、必要だから使わざるを得ないという状況になるわけです。

英語プリスクールにも、幼稚園と同じように、自由に遊ばせるところや、お勉強メインというところ、2、3歳児でも厳しくしつけるところもあれば、ほとんどしつけには口を出さないなど教育方針はいろいろです。

完全英語の欧米式のインターナショナルプリスクールでは、しつけは親の役目という考え方なので、日本のようなしつけはされません。

プリスクールではありませんが、日本の認可の幼稚園なども、最近は英語教育を積極的に取り入れているところが多いのですが、そういう場合は、日本的な保育の考え方が中心になるでしょう。

ご参考までに書きますと、私のプリスクールでは、日本文化と欧米文化の優れたところを取り入れたしつけを目指しています。日本人としてのアイデンティティは重要だと思っていますので、日本的なしつけも大切にしています。

でも、かといって、日本的な、「みんなと一緒がいい」とか「自分の意見を言わない」というような点は、これからの国際社会では通用しないと思っていますので、欧米的なしつけの考え方も取り入れています。

ですから、欧米式のインターナショナルプリスクールとも、日本の幼稚園ともまったく違う独自のやり方をしています。

幼稚園として通わせるプリスクールの場合、親の幼児期の教育に対する考え方によって、どういう方針のスクールにするかを選択することになると思います。プリスクールは、人格形成の大切な時期に長時間過ごすことになりますから、子どもに与える影響は非常に大きいと言えます。

自分の子をどんな風に育てたいのかということもしっかり考えて、単に「英語が身に付く」というキャッチコピーだけに惑わされず、スクールの方針をしっかり見極めて選ぶ必要があると思います。

プリスクールの効果と費用

さて、プリスクールは子ども達が長時間過ごすわけですが、英会話教室に比べて、どれくらい英語学習効果があるのでしょうか?

今私がやっている英語プリスクールでは、1日30分ほどの日本語タイムとジャズダンスなどのスペシャルレッスン以外は、すべて英語で過ごします。

平均すると、1日5時間くらい英語で過ごしていることになります。

英会話スクールに週1日1時間通うことを10年間続けた場合、英語の学習時間は５００時間でしたね。それと比較してみると、プリスクールならば５００時間を１００日で消化していることになります。

土日は休みですから、月20日で計算してみると5か月。10年分を5か月で学ぶのです。しかもほぼ毎日のことですから、いかに効果があるかはこの数字を見るだけでも一目瞭然ですね。

ただし、「10年分を5か月で学べるのだから、1年行けば十分ね」なんて考えると、学習時間だけでは測れない大きな落とし穴にはまってしまいます。

1年なんてインプットが終わってアウトプットができるようになり始めた頃です。しかも、幼児は覚えるのが早いですが、忘れるのも早いです。

1年みっちりやったつもりでも、その後英語に触れる機会が極端に減ると、英会話力は、みるみる落ちてしまいます。「短期集中その後ぷっつり」では、せっかくの早期英語教育のメリットが激減してしまいます。

効果が0にはならないというのは、耳の聞き取り能力や口の動きなど身体で覚えたことは、必要に迫られた時に、ある程度取り戻せると思うからです。

音楽などと同じで幼児期にまったく学んだ経験のない子と比べると、聞き取り能力や発音などが違ってきます。

もし、卒園まで2、3年続けると、読むことや書くこともある程度学ぶでしょうから、英語力が定着し、その後の学習に大きな差が出てくると思います。

ただ、その場合は、日本的なしつけは、家庭できちんとすることをお勧めします。

なお、英語プリスクールの費用は地域差が大きいです。首都圏では、週5日、1日5、6時間で月10万円以上かかるところもあります。

私の地元の神戸や大阪では、週5日、1日5、6時間で5万～7万円くらいです。

他にランチ代とか送迎費用がかかることもあるでしょうし、もちろん滞在時間が長くなれば、その分費用も上がります。

オンライン英語スクール

オンライン英会話って？

次にこれから主流になりそうな、オンライン英語スクールについてご紹介します。

これはスカイプによるレッスンなのですが、幼児の場合、パソコンの前に座って、顔の表情だけでレッスンに集中させるのは、よほど英語好きな子どもでないと難しいでしょう。ですから、スカイプによる英語のレッスンを受講するなら、子ども専門コースのあるところで、子ども向けに考えられたカリキュラムがあること。子どもが幼児の場合は、ある程度アクティブに楽しめる方がいいでしょう。

私は、スカイプでのレッスンは、ある程度英語力をつけて、多少英語でのやり取りができるようになってからの方がいいと思います。年齢的には小学校高学年くらいからです。

A 費用と注意点

スカイプでのレッスンは1回20分から30分くらい、毎日受講できるコースや週に何回と希望で選べるようです。月謝は週1回最低2000円くらいから、週に受ける回数によって変わってきますが、高くても1万円くらいまでのようです。

大人のコースに比べると1回あたりの費用は高く、平均すると300〜800円くらいでしょうか。オンライン英会話スクールでは、欧米のネイティブスピーカーは採算が取れませんので、圧倒的にフィリピン人講師が多いです。

おそらく、これからはオンライン英会話が主流になり、かつて英会話教室が乱立した時のように質の悪いところも出てくるでしょう。先生によって、レッスンの質が全く違うという話や、いい先生は予約が取れないという話もすでに出始めています。

受講者が増えてくると、みんなが受講したい時間帯が重なりますから、予約がいつもスンナリ取れるのかということもちょっと不安です。

申し込む時は、そのあたりもきちんと確認しておきましょう。

子ども専門、または子ども専門コースのあるオンライン英会話スクールと、スクール探しに役立つサイトをご紹介します。

ご紹介しているスクールは、今現在開校していて、規模を大きくしているスクールですが、これ以外にも今後どんどん出てくると思います。

無料体験もやっているようですから、気になったらまずは無料体験を受けてみましょう。これに関しても、英会話教室でご説明した注意事項、体験専用の先生ではないかや、予約がスンナリ取れるのかどうか、なども必ず確認しておきましょう。また、子どもが、そのスクールの教え方や、先生達の雰囲気を気に入るかどうかも大切なポイントです。

〈子供向けオンライン英語スクール〉

・リップルキッズパーク

http://www.ripple-kidspark.com/

子ども専門のスクールとして、子どものレベルに応じたレッスンやきめ細かいサポートがあります。口コミの評価も高いです。

・QQEnglish　Kids

http://www.qqeng.com/campaign/kids/lp.html

子ども専門ではありませんが、子ども向けカリキュラムを開発して、子ども英語にも力を入れ始めています。今後期待できるスクールです。

・キッズアイランド

http://kids-island.com/

・キッズスターイングリッシュ

http://www.kids-star.jp/

〈オンライン英語スクールを探せる便利なサイト〉

・『オンライン英会話スクール比較サイト子供向け英会話コースありのスクール』

http://eigokoryaku.com/school/school_50_childcourse.html

スクール比較や体験談、英語学習に関する情報も載っていて参考になります。

・『オンライン英会話比較ナビ』の「子供英会話／児英会話コースで比較」

http://blog.livedoor.jp/online_english/archives/21479271.html

インターナショナルスクール

確実にバイリンガルになれるインターナショナルスクール

最後に特殊ではありますが、インターナショナルスクールについてもご説明しておきます。

「確実にバイリンガルにしたい」
「日本での高等教育は考えていない」
「欧米の大学に進学させる」
「就職は海外でか、外国の企業が希望」

などという確固たる希望と信念があれば、インターナショナルスクールに行くのが、バイリンガルになる一番確実な方法でしょう。

もともとインターナショナルスクールは、欧米人や中国人、インド人など、日本に住む外国人のために創られたスクールで、昔は、外国人か、片親が外国人という家庭の子どもしか入学できませんでした。

ところが、日本の景気が悪くなり、外国の企業が日本から撤退するにつれて、外国人子女の数も減り、空いた枠に日本人の子どもが入れるようになったのです。英語ブームもあって、インターナショナルスクールに入学する日本人も増えています。

今では生徒の8割が日本人というインターナショナルスクールなどもあり、日本人学生の方が多いのではと思いますが、英語で授業をすることや、先に述べた国際バカロレアを取り入れていたりするなど、授業の進め方は日本の学校とはまったく違ってきます。子どもの性格に合えば、国際社会で活躍できるような子に育つかもしれません。

一方で、インターナショナルスクールに行った子の中には、日本人でありながら漢字も読めない、と苦しんでいる子も実際います。日本人としての教育をどうするのかということも、親としては、しっかり考える必要があると思います。

インターナショナルスクールの問題点と費用

　インターナショナルスクールの大きな問題点は、学校教育法では各種学校という扱いになるために、そこで学んでも、日本の義務教育を果たしたことにはならないことです。

　ですから、インターナショナルスクールで中学程度の学習を修了しても、日本の公立高校を受験する資格がないと判断されてしまうのです。ただ、私立高校の場合は、学校の判断に任されますので、まったく日本の高校に行けないわけではありません。

　小学校からインターナショナルスクールに行った場合、日本の履歴書には、義務教育を修了したとは書けないので、中には、指定された（住んでいる地区によって振り分けられる）小学校に籍だけ置いておくというケースもあります。ただし、実際には出席しないので、学校や周りからのプレッシャーは大きいでしょう。

　ただ、最近は、学校教育法で認められる学校として認可を得たインターナショナルスクールもできています。私立大学がインターナショナルスクールを設立する動きも活発で、今後この流れは加速すると思います。政府も英語教育に力を入れているからです。

なお、英語で教育を行っているインターナショナルスクールの学費は、学校によって違いますが、年間200万〜300万円くらいはかかります。

インターナショナルスクールは、やはり首都圏に多く、地方では大都市にしかありません。

片親が外国人とか、海外転勤が頻繁であるとか、海外移住を考えているとか、よほどの理由があれば別ですが、インターナショナルスクールに通わせるとなると、あらゆる面で相当な覚悟が必要になりますから、やはり、限られた人達のスクールだと言えると思います。

スクール学習の注意点と心構え

子どもの耳のほうが正しい！　発音の強制はダメ

ここで、特に一般的な英会話教室に通わせた場合を想定して、スクール学習の注意点や心構えをお話しします。

まず、1章でお話ししたように、母国語以外の言葉を聞き取る耳は10～12歳で固まってしまいますから、ご両親より、子どもの耳の方が、絶対に正しいということです。

皆さん、purpleをなんと読みますか？　色の紫、カタカナのルビがふってある辞書では「パープル」となっています。

milkはどうでしょう？「ミルク」となっています。

耳のいい子どもが、英語のネイティブスピーカーに英語を習って、素直に真似をしたら、絶対に「パープル」や「ミルク」とはなりません。

子どもの発音は、親には「パーポー」「ミゥ」と聞こえるでしょう。子どもの発音が、自分がよく知っているカタカナの発音とまったく違うと、中には、「子どもの発音がおかしい」と感じる親もいるようです。それで、つい「パープルでしょ」なんて直そうとしたりします。

子どもが何を言っているのか聞き取れないと、ちゃんと習っているのかと不安になったりもするのですね。

でも、それは大間違い。自分が聞き取れないからといって、子どもの発音を矯正したりしてはいけません。正しいのは子どもの発音です。

耳が母国語にすっかり固まってしまった大人には聞き取れなくても、子どもには日本語にない音もしっかり聞き取れています。

子どもは聞いたままを覚え、聞いたまま発音します。それこそがネイティブスピーカーの発音、外国人に通じる英語なのです。

ところで、日本では、カタカナ英語が氾濫していますね。バナナ、オレンジ、ピンク、スクール、ベッドなど数え上げたらきりがありません。しかも、マスカットやサブレやアルバイトなど英語圏以外の国由来の言葉もカタカナ表記をしますから、それらも英語だと思ってしまいます。カタカナは日本語であって英語ではないと心しておきましょう。

A 何を習ってきたのかと根ほり葉ほり聞かないで！

ご両親にしてみれば、高い月謝を払って英語スクールに行かせていたら、今日は何を習ったのか、しっかり覚えてきているのか気になることでしょう。

ですからつい「今日は何を習ってきたの？」とか「今日は何をしたの？」と根ほり葉ほり聞いてしまいがちです。

でも、お母さんも何かお稽古ごとをしていたら、きっと分かると思いますよ。

今日は何をしたかと聞かれて答えるのは、結構難しいことが。

特に、外国人の先生が英語だけでレッスンをしているようなところは、ゲームの指示も褒めるのも叱るのも全部英語でするわけですから、子どもにしてみれば、どこからどこまでがレッスン、すなわち習ったことなのか分からないでしょう。

私のスクールでも、かつてレッスン終了後、子ども達がお母さんに、「今日は何を習ったの？」と聞かれて返答に困ったり、「知ら〜ん」とか「忘れた〜」なんて言いながら逃げ出す男の子をいっぱい見てきました。

「犬はdog、猫はcatですよ」なんていう教え方をしているスクールなら、「今日はdogを習った」とか「catを習った」などと言えるでしょうが、そんな教え方で会話ができるようになるとは思えません。

とは言え、習い始めの頃は、覚えた英語がまだ少ないですから、「これも知ってる」「これが言える」と自慢げに話してくれるかもしれません。本人が喜んで報告してくれるなら、嬉しそうに聞いてあげてください。

でも、習い覚えた単語やセンテンスが増えてくると、どれを言っていいか分からなくもなります。だんだん言わなくなるのは、たくさん覚えた証拠だと思って根ほり葉ほり聞き出そうとするのは我慢しましょう。

子どもが楽しんで通っているなら、それなりの成果は上がっているはずです。習ったことを聞き出そうとするより、家庭でも英語を使えるような環境づくりをしてあげる方が、ずっと効果的です。

A 目先の成果や結果を要求してはいけない！

英会話の習得には時間がかかります。ご両親も学校で何年も英語を学んできたのに、会話となるとなかなか身に付かなかったのではありませんか？

それは子どもも同じです。日常で使うことがなかったり、必要に迫られていないと、そう簡単には身に付きません。

ですから、ちょっと練習しただけで、分かるはずだとか、しゃべれるはずというように、目先の成果を要求してはいけません。子どもにすぐに結果を求めると、大きなプレッシャーになってやる気をなくしてしまいますので気をつけましょう。

覚えているのかどうか、分かっているのかどうか気になる時は、自分が分からないふりをして尋ねるといいでしょう。

「これ英語でなんて言うんだっけ？」とか「ああ、この意味忘れちゃった。教えてくれる？」という風に、子どもにプレッシャーをかけずに、自信をつけさせるような聞き方を心掛けてください。

〈英語スクール比較表〉

形態	対象年齢	1回の時間と特徴	開講時間	費用
英会話教室 **(通学)**	0歳 (ベビークラス) 〜大人 年齢別クラス	・グループレッスン 50〜60分 ・マンツーマン 40〜60分 週1回	10〜20時	月謝　週1 ・グループレスン 4000〜1万2000円 ・プライベート 5000〜2万円
オンライン英会話スクール **(自宅)**	3歳 〜大人	20〜30分 週1回〜毎日 ※講師はフィリピン人が多い	6〜25時 又は 24時間対応	月謝　週1〜何回でも 3000〜1万円
プリスクール **(通学)**	0歳 (スクールによって2、3歳) 〜6歳	2〜8時間 平均4、5時間 週2〜5日 ※保育所と同様	8〜20時	週2日3万円 〜 週5日10万円
インターナショナルスクール **(通学)**	6〜18歳 ※9月始まり	日本の小学校や中学校と同じ。いろいろな科目や課外活動を行う 週5日 ※義務教育と認められない	8〜18時	年間 200〜300万円

第5章

英語学習を成功させるために

目標や夢を持たせる方法

「英語能力試験」を段階的目標設定に利用する

「勉強はいやだけど、テスト（英検）は受けてみたい」

私のスクールにこんな小学生がいました。

英語は、子どもにとって、日常生活で頻繁に使うことのない言葉ですし、自宅学習で親と話していても、英会話スクールで先生と話していても、自分の会話力がどれくらいなのかは分かりませんね。

ですから、テストの点や合否という目に見える形で、自分の実力を知りたいという気持ちも起こってくるのでしょう。

大勢が受験する英語テストの場合は、どうしても聞き取りと読み書きがメインになってしまいますが、リスニングテストで普段聞き慣れている外国人とは違う英語を、顔の表情やボディアクションを見ることなく聞き取れると、大きな自信になると思います。少し英語に慣れてきて、子どもが望むようなら受験の機会を設けてあげましょう。

幼稚園から小・中学生向けのテストで規模が大きいものには、児童英検と国連英検ジュニアテストがあります。

私のスクールでは、国連英検ジュニアテストを年に1回受験させていますが、子ども達にはテストという緊張感を与えず、ゲームのように楽しむという姿勢でやらせています。これから先、頻繁に受けることになるであろうリスニングテストで、緊張しないで実力を発揮できるようにするための練習だと考えています。

●国連英検ジュニアテスト

国連英検を取り入れたのは、結果が「○コース●級合格」と分かりやすいうえに（不合格はありません）、国連の刻印の入った立派な証書がもらえるからです。また、幼児向けコースには筆記もありませんから、子ども達が楽しんで受験できます。

●児童英検

児童英検は、合格不合格という形ではなく、「今回のテストでは、子どもが知るべき内容の○%が分かっています」というような判定です。大人向けのテストの考え方と同じです。

●TOEFL Primary

TOEFLが英語初中級学習者のために始めたテストで、小中学生が対象です。

大人向けのテストでは、「日本英語検定」「国連英検」「TOEIC」「TOEFL」などがあり、大体中学生から高校生以上を対象にしています。

●日本英語検定

英検は文部科学省認定で、5級からあり小学生でも受験可能です。幼稚園児の受験者もいるようですが、試験中集中しないで遊んでしまうといった問題も起こっているようです。

●国連英検

国連英検は外務省後援で、試験内容も国際的なトピックが多く、子どもには難しいです。

●TOEFL Junior

ＴＯＥＦＬが国際社会での活躍を目指す中高生のために始めたテストです。

●TOEIC

ＴＯＥＩＣは、10代から70、80代まで幅広く、一般向けに英語力を測るテストと考えるといいでしょう。ＴＯＥＦＬほどではありませんが、国際的にも認知されています。

●TOEFL

ＴＯＥＦＬには、大学レベルの英語力が必要です。海外の大学に行くときは、このＴＯＥＦＬの点数で何点以上必要という条件がだされます。広く国際的に通用する試験です。

最近は、大人向けの英検やＴＯＥＩＣに、幼児や小学生もチャレンジして、好成績を収めたことが話題になったりもしています。

ある程度英語力がついて、子どもも受験に興味を示したら、英語学習の目標として受験させてみてもいいと思います。

ただ、逆に試験を受けさせたために、自信を失ったり、英語が嫌いになってしまったケースもあります。十分なインプットができていないうちに、親の競争意識などから高いレベルにチャレンジさせるのは、逆効果になってしまうこともありますから気をつけてください。まず低いレベルから受験させて自信をつけさせるのがいいでしょう。

英語能力試験を目標にするならば、子どもの性格も見極めながら、英語学習の一環として、楽しんで受験できるようにサポートしてあげてほしいと思います。

英検に興味がある方は、各ＨＰに詳しく出ていますので、参考にしてください。

〈子どもが受験できる試験〉

・国連英検ジュニアテスト
http://www.kokureneiken.jp/junior/
・児童英検（日本英語検定協会）
http://www.eiken.or.jp/jr_step/

・ＴＯＥＦＬ　Ｐｒｉｍａｒｙ
http://gc-t.jp/toeflprimary/
・ＴＯＥＦＬ　Ｊｕｎｉｏｒ
http://gc-t.jp/toefljunior/index.php
・英検（日本英語検定協会）
http://www.eiken.or.jp/eiken/
・ＴＯＥＩＣ（トーイック）
http://www.toeic.or.jp/

〈高校生以上〉

・国連英検
http://www.kokureneiken.jp/
・ＴＯＥＦＬ（トーフル）
http://www.ets.org/jp/toefl/

A 将来のホームステイや留学を夢にする

ここでホームステイや留学について、少しご紹介しておきます。英語学習のモチベーションになる場合があるからです。この項目は将来に向けての参考としてお読みください。

ホームステイは、海外で滞在中、外国人の家庭で生活させてもらうことと、学校に通うことがたいていセットになっています。他には寮に滞在するという方法などがあります。

留学は海外の学校で学ぶことですが、1年から数年、正式に現地の学校に在籍する以外に、短期で留学できるシステムがあります。今は親子でホームステイや短期留学できるプログラムもあります。

親子留学で子どもメインに考えるなら、子どもが物事を理解できる4、5歳以上になってからがいいでしょう。あまり小さいと、せっかくの経験もすぐに忘れてしまいますから。

子どもだけで短期留学をさせる場合は、小学校高学年以上になってからがいいと思います。夏休み中に短期留学やサマーキャンプなどに参加するのが一番いい方法でしょう。

子どもの性格によって、違う環境にもすぐに馴染める子もいれば、なかなか馴染めない子もいますが、どちらにしても十分に異文化についての知識をつけてから行くようにしましょう。そうしなければ、受け入れ先にも迷惑をかけることになります。

行かせると決めたなら、それまでにできるだけ英語力をつけてある程度のコミュニケーションが取れるようにしておくと、英語のブラッシュアップにもなりますし、言葉以外に学べることが倍増しますので、帰国後英語学習に対する意欲が増すと思います。

ホームステイや留学の費用は、どこの国に行くか、どれくらいの期間滞在するか、滞在中のアクティビティをどうするかなどによって違います。また、為替レートによっても変わってきますので、はっきりしたことは言えませんが、滞在期間は1週間から可能で、ホームステイの費用は最低8万円くらい（食費やお小遣いは別）からだと思います。

学校に行かせる場合は、ホームステイ費用プラス学費が必要になります。それに当然飛行機代などもかかってきますから、最低でも20、30万円はかかるでしょう。

留学やホームステイをするなら、お勧めは安全面や国民性から考えて、英語圏では、カナダ、オーストラリア、ニュージーランドです。多くの外国人を採用してきましたが、カナダ人やオーストラリア人は総体的に人柄もよく、穏やかで付き合いやすかったです。

ただ、私自身の考えを言いますと、ホームステイや留学は経済的に余裕があれば、経験として素晴らしいとは思いますが、親が無理して行かせる必要はないと思います。

むしろ、先にインセンティブとして述べたように、子どもの英語学習継続のモチベーションにして、お小遣いを貯めさせたり、大きくなってから自分でアルバイトをしたりして、自分の貯金で行く方が、本人のためにいいのではないかと思います。自分で貯めたお金で行くと、取り組み方も違ってくるでしょう。

参考になるサイトをご紹介しておきます。


〈ホームステイ・留学の参考になるサイト〉

・ココア留学情報
http://www.55a.info/
子ども向けの情報ではありませんが、留学・ホームステイについてかなり深い情報が満載です。将来参考にされるといいでしょう。

・All About　親子留学に関する情報
http://allabout.co.jp/gm/gc/431049/
親子留学について詳しく書かれていますので、参考になると思います。

英語学習を成功させるために

親の目的と子どもの性格を見極めることが大切

自宅学習だけで済ませるか、英会話スクール、オンラインスクール、はたまたプリスクールに行かせるかは、いろいろな要因が絡んでくると思いますが、英語学習を成功させるためには、親の目的目標と子どもの性格なども見極める必要があるでしょう。

子どもが大きくなれば、自分の意志で選ぶことになるでしょうが、幼児期には、親が子どもにどの程度の英語力を望むかによって、選択する方法も違ってきます。

「挨拶ができるくらいでいいわ」というなら、家庭で親子で楽しむ程度でいいと思います。もちろん、そこからスタートして、子どもが興味を持ってくれれば、その時点で子どもに合う方法を考えていけばいいと思います。

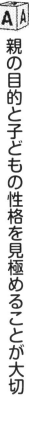

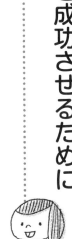

でも、最初から目標が、高い会話力であるとか、読み・書きもしっかり身に付けさせたいというなら、親のそれなりの覚悟も必要です。

また、学習方法には、子どもの性格や特性、能力も関係してきます。

英語が好きで自分からどんどん取り組むような子なら、You Tubeでもなんでも、それこそ放っておいても自分から積極的に見て学んでくれるかもしれません。総体的に女の子は語学に興味を持つ子が多いです。

逆にじっとしているのが苦手で、集中力がないような子どもなら、親も一緒に学ぶなり、いろいろ工夫していかないと難しいでしょう。

特に男の子は、英語に興味を持っていないと、なかなかおとなしく素直に、英語のテレビやYouTubeを見てくれないということもあります。

そういう場合は、英会話教室などに行かせる方がいいかもしれません。

教室で習ったことのフォローを家でするか、家で習ったことのフォローを教室でするか、どちらにしても、子どもが興味を示さなければ、なかなか成果はあがりません。2章でお話ししたインプットの方法などを参考に、上手に家庭での環境作りをしていきましょう。

「英語ができるとこんないいことがある」と常に動機づけをする

英語の必要性に迫られていない子どもに、英語学習を続けさせるには、動機づけが必要になります。

具体的なご褒美のアイデアは先に書きましたが、英語学習そのものに対する動機づけだけでなく、英語が話せることで得られるメリットを子どもにどんどん話していきましょう。

「英語ができないと困る」という話も、それなりに動機づけとしての効果はあるでしょうが、どんな風に困るのかは子どもには今一つピンときません。

むしろ、できるといいことがある、というような夢や希望を持たせる方が子どもには効果的だと思います。

「外国の子とお友達になれると楽しいよね」とか「外国の子と文通して大きくなったらその子に会いに行けると素敵ね」「英語ができると外国でも仕事ができるね」「英語はどんな仕事にも役に立つよね」など。

子どもに話して聞かせるだけでなく、例えば、常にご両親で、「英語ができると海外に行った時に困らないね」とか「英語ができると買い物も楽しくなるわね」とか「英語を覚えたら絶対に海外旅行に行こうね」などと話すのを聞かせるのもいいでしょう。

また、海外で活躍している日本人の話、例えばテニスで大活躍の錦織圭選手、野球のイチロー選手やダルビッシュ選手、サッカーの長谷部選手や本田選手など英語堪能なスポーツ選手の話をするなど、「英語ができるといいなあ」「英語が話せるとカッコいいなあ」と思わせるのも効果的だと思います。

たとえ20分でも毎日英語に触れることを習慣にしよう

インターネットの普及で国境を感じなくなったとは言え、周りを海に囲まれている日本では、普段の生活の中で英語が聞こえてくることはほとんどありません。

ですから、意識的に英語を聞かなければなりませんし、英語を覚えるために、そして覚えたことを忘れないためには、それなりの努力が必要になります。

幼児期には、本当に驚くほど自然に英語を身に付けてくれますが、それも常に使っていないとどんどん忘れてしまいます。

幼児期から始めるのは、幼児期にしか日本語にない音が聞き取れないからですが、英語が本当の意味で必要になるのは社会に出てからでしょう。ですから、本当に長い期間、英語に触れる努力をしていかなければならないということなのです。

中学校や高校などで、英語での授業が行われるようになれば、必然的に英語を聞き、英語を話す環境になりますから、それを期待したいところですが、それまでは、家庭でも環境づくりが必要です。

家庭学習では、小学校へ行き始めても、YouTubeや英語のＤＶＤを最低でも20分は見ることを毎日の習慣にしてしまう。英語スクールは、習い始めたら中学校へ行くまでは、スクールを変えることはあっても絶対に続けることを条件にする、など目標を決めて頑張りましょう。

小学校へ行って様々な教科を習い始めたり、スポーツを始めると英語学習に費やせる時間はグッと減ってしまいますが、たとえ少しの時間でも英語を聴く環境はなくさないようにしてください。

AA 英語習得の鍵はスパイラル学習

皆さんはスパイラルという言葉をご存じですか？　ニュースなどでも時々耳にしますが、バネを立てて置いた状態を思い浮かべてください。バネを上からなぞっていくとどんどん下がっていきますね。これを「負のスパイラル」といい、物事がどんどん悪化していく様を言います。ニュースで使われるのは、たいていこの「負のスパイラル」です。

では、「英語習得の鍵はスパイラル」とはどういうことか、ご説明しましょう。

ここで言うスパイラルとは、もちろん、「負のスパイラル」ではなくその逆、「正のスパイラル」です。バネを上からではなく下からなぞってみるとどうなるでしょう？　同じところをぐるぐる回っているようでも、確実に上へ登っていますね。

英語の学習は、新しい単語やセンテンスを、次から次へとどんどん覚えていけば会話力が伸びるのかというと、残念ながらそうではありません。

一度覚えた単語も使わなければ忘れてしまいます。常に口に出していなければ、とっさの時に反応できなくなります。

ですから、英語学習は、同じことを繰り返し繰り返し口に出していくことが必要です。分かりやすくお話しするために、私が１９８８年に創った英会話スクールのカリキュラムのメソッドでご説明します。このメソッドは、クレセンド・メソッドといい、音楽のクレッシェンドから取った、どんどん大きくなるという意味です。

どういうメソッドかというと、最初に小さな円を描きます。その周りに一回り大きな円、さらに一回り大きな円を描きます。

一番小さな円が最初の初心者レベル、仮にAとします。その次の一回り大きな円Bは次のレベルですが、Aで習ったことも含みます。さらに次のCレベルには、Aで習ったこと、Bで習ったことも含むというメソッドです。

もっと分かりやすく言うと、

It is a cat.（これはネコです）

It is a brown cat.（これは茶色いネコです）

を覚えたら、

次は、

It is a big brown cat.（これは大きくて茶色いネコです）

と表現を広げていきながら、一度習ったことも繰り返し繰り返し学んでいくのです。

英語学習は、普段英語を使う必要のない子どもには、成果が見えにくいもの。でも、焦らず、正のスパイラルを目指して、無理せず少しずつレベルを上げながら、続けていきましょう。

B レベル：A+B
C レベル：A+B+C
D レベル：A+B+C+D

クレセンド・メソッド

やる気を維持させるちょっとしたコツ

学習時間に関して、子どものやる気を維持するちょっとしたコツをお教えしましょう。

家庭学習を始めれば、毎日、できれば最低30分くらいは You Tube やDVDを見るなど、ネイティブの英語を聞く学習に費やしてほしいと思いますが、子どもの年齢によっては集中力がもっと短い場合もあるでしょう。

楽しんで見られる時間が短ければ、最初は10分でも15分でも構いません。興味を持てるものが見つかれば、自然に時間は長くなっていきます。

逆に、子どもがもっとYou Tubeを見たいとか、もっとワークブックをやりたいと言い出した時、どうしますか？　やりたいだけやらせますか？

私のお勧めは、時間を区切って止めさせることです。

「えっ!?　やる気になっているのに止めさせるの？」と驚かれるかもしれませんが、見たがったり、やりたがる時は、「じゃあ、あと5分（10分）だけ。あとは明日！」と時間を区切って止めさせてください。

そうすると、子どもはちょっと後ろ髪をひかれながら止めることになりますね。そして、翌日続きを見たり、次をやるのが楽しみになってきます。

英語学習は、マラソンのようなもの。最初からダッシュさせると、途中棄権なんてことになってしまいます。ペース配分はとっても大事。

生活のけじめをつけるためにも、時間を区切って、次の行動に移させましょう。

人間、「やれ！」と言われたら、やりたくなくなり、「やめろ！」と言われたらやりたくなるもの。その心理をうまく利用して、継続につなげていきましょう。「継続は力」です。

「好きこそものの上手なれ」成功の最大の秘訣

英語学習に成功するために、英語のモチベーションを高める方法をいろいろ書いてきましたが、英語に限らずなんでも、また子どもだけでなく大人でも、やり始めたことが長続きする一番の秘訣は、それを好きになることですね。

英語が好きになれば、知らなかった単語を知ることや、分からなかった文章の意味が分かるようになることが、楽しく感じられます。

英語のテレビやＤＶＤを見て、これまで聞き取れなかった英語が聞き取れ、何を言っているのかが分かった時、とても嬉しくなるでしょう。英語の絵本がだんだん上手にスラスラ読めるようになっていくのは、快感でしょう。外国人に名前を聞かれてちゃんと答えられた時、子どもは飛び上がらんばかりに興奮しているかもしれません。

そんな小さな成果と喜びの積み重ねが、大きな成果を生み出すのだと思います。

英語教育を成功させたいならば、成果を求めるあまり過度にプレッシャーを与えたりしないで、小さな頑張りと成果の1つ1つにしっかり反応してあげて、「できた！」「やったあ！」という達成感や喜びを感じさせてあげましょう。

達成感や喜びは快感になり学習意欲を高めてくれます。学習意欲が高まれば、さらに成果が上がり、学習が楽しくなります。

いい循環を作ること。それが、子どもを英語好きにさせて、英語学習を成功させるポイントだと思います。

親も子どもとともに楽しみ、常に子どもに「英語は楽しい」「英語が好きだ」と思わせる工夫をしていきましょう。

ローマ字を習い出した時の対処法

この章の最後に、子どもが小学校3年生頃に習うローマ字についてお話しします。幼児期から英語を習い始め、ある程度英語も読めるようになった子ども達が混乱することが多いからです。

子ども達がどんなふうに混乱するのかと言えば、例えば、ローマ字だと、英語の「come」はコメ、「take」はタケ、「make」はマケなんて読んでしまうわけです。

"He came to my house."という文章をローマ字で読むと、「ヘカメトマイホウセ」なんてわけの分からない言葉になってしまいます。

英語の読みがしっかり定着している子でも、「ヒーカメ……」などと言いかけたりしてしまいます。学校では逆に、きっとローマ字を英語読みしてしまったりしていることでしょう。

そこで、ローマ字を習い始めた子どもには、ローマ字は同じアルファベットを使っているけれど英語ではないということ。ややこしいけれど、自分の名前や人の名前、住所や日本にしかないものを、外国人に伝える時にどうしても必要なのだと説明してください。

そして、自分の名前や親の名前、住所などを書いて説明してあげるといいでしょう。

しばらくは混乱するかもしれませんが、英語の文章にたくさん触れていると、英語読みが定着しますし、区別がつくようになってきます。

第6章

とっさに言ってあげたい英語の一言＆簡単英会話

「第3章　家庭でできるお金をかけずにバイリンガルに育てる方法〜楽しく学べるアイテム編〜」で親が子どもに英語で話しかけることをお勧めしましたね。

この章では、日常よく使う表現で、英語が得意ではないご両親でも覚えられるような簡単なものをご紹介します。

3章で書いたように、今はネイティブの英語が聞ける方法がいくらでもありますから、ご両親は発音などを気にせず、子どもに英語で話しかけてください。

ポイントは、親も楽しそうに英語を使うことです。

前半は、日常生活でよく使う表現をまとめています。同じ文型で言いかえができる便利な表現がありますから、これらはぜひ覚えて使ってくださいね。

後半は、私が長年欧米文化に触れてきた中から、日常生活でぜひ使ってほしいと思う、とても簡単なとっさの一言をまとめました。

これからの時代を生きる子ども達のために、日本人に欠けていると思う考える力やチャレンジ精神が育ってくれたらいいなと願っています。

英語が苦手なご両親のための簡単英会話

日常よく使う英会話をご紹介していきます。いろいろな表現の仕方がありますが、簡単で覚えやすいと思えるものを選んでいます。言いかえでいろいろな場面に使える基本センテンスはとても便利ですからぜひ覚えて使ってください。

挨拶

Good morning. ………………………… おはよう。

Good afternoon. ………………………… こんにちは。

Good evening. ………………………… こんばんは。

Good night. ………………………… おやすみ。

Good bye. ………………………… さようなら。

Hello. ………………… こんにちは。（一日中使えます）

Nice to meet you. …………………… はじめまして。

How are you? ………………………… 調子どう？

よく使う指示表現

Wake up!	起きなさい！
Brush your teeth.	歯を磨いて。
Wash your face.	顔を洗って。
Wash your hands.	手を洗って。
Take off your pajamas.	パジャマ脱いで。
Get dressed.	洋服着て。
Hurry up!	急いで！
Eat your breakfast.	朝ごはん食べて。
Put on your shoes.	靴を履いて。
Put it back.	それを戻して。
Come here.	ここへ来て。
Sit down.	座りなさい。
Stand up.	立ちなさい。
Hold still.	じっとして。
Clean up.	片づけて。
Wipe the table.	テーブルを拭いて。
Water the plant.	植木に水をやって。

よく使う質問

Are you ready? ………… 準備できた？
Are you sleepy? ………… 眠い？
Are you tired? ………… 疲れた？
Are you hungry? ………… おなかすいた？
Are you thirsty? ………… のど渇いた？
Are you full? ………… おなかいっぱい？
Are you finished? ………… 終わった？
Are you hot? ………… 暑い？
Are you cold? ………… 寒い？
Are you scared? ………… 怖い？
Are you itchy? ………… かゆい？
Are you sure? ………… 確か？
Do you know? ………… 知ってる？
Do you like it? ………… それ好き？
Do you feel sick? ………… 気分悪い？
Do you have everything? ………… 忘れ物ない？
Do you understand? ………… 分かる？
Do you want to do? ………… やってみたい？
How much? ………… どれくらい？
How many? ………… いくつ？

よく使う注意表現

Don't do that.	そんなことしないで。
Don't go there.	そこへは行かないで。
Don't touch it.	それに触っちゃダメ。
Don't step on it.	それを踏まないで。
Don't push me.	押さないで。
Don't walk around.	歩き回らないで。
Don't swing it around.	それを振り回さないで。
Don't throw it.	それを投げないで。
Don't get hurt.	怪我しないでよ。
No running!	走ったらダメ！
No shouting!	大声出したらダメ！
Stop!	やめて止まって！
Be quiet.	静かにして。
Stop talking.	おしゃべりはやめて。

It's time to(for) ～（～の時間よ）

It's time to get up. …………………… 起きる時間よ。
It's time for breakfast. ………… 朝ごはんの時間よ。
It's time for school. …………… 学校へ行く時間よ。
It's time to study. …………………… 勉強の時間よ。
It's time to go.………………………… 行く時間よ。
It's time to go shopping. …… 買い物に行く時間よ。
It's time to go home.…………………… 帰る時間よ。
It's time to finish. …………………… 終わる時間よ。
It's time to clean up.…………… お片付けの時間よ。
It's time for dinner. ……………… 晩御飯の時間よ。
It's time to take a bath. ………… お風呂の時間よ。
It's time to sleep. ……………………… 寝る時間よ。

May I ～？（～してもいい？）

May I go now?…………………… もう行ってもいい？
May I eat?……………………………… 食べてもいい？
May I use it? …………………… それ使ってもいい？
May I borrow it? ………………… それ借りてもいい？
May I come in? ………………………… 入ってもいい？

It's ～（お天気）

It's sunny today. ………………………… 今日は晴れね。

It's cloudy today. ……………………… 今日は曇りね。

It's raining today. ………………………… 今日は雨ね。

It's windy today. ……………… 今日は風があるわね。

It's hot today. ……………………………… 今日は暑いわ。

It's warm today. ………………………… 今日は温かいわ。

It's cold today.……………………………… 今日は寒いわ。

It's cool today.………………………… 今日は涼しいわ。

It's snowing today.………………………… 今日は雪ね。

It's nice day today.……………… 今日はいいお天気ね。

Where ～？（どこ～なの？）

Where are you going? ……………… どこへ行くの？

Where are you? ………………………… どこにいるの？

Where did you go? ……………… どこへ行ったの？

Where did you put it? …………… どこに置いたの？

Where did you get it? ……… どこで手にいれたの？

Where did you find it? ………… どこで見つけたの？

Where is it? ……………………………… それはどこ？

Where do you live? …………… どこに住んでるの？

Let's ～（～しよう）

Let's read a book. ………………………… 本を読もう。
Let's play together. …………………… 一緒に遊ぼう。
Let's draw a picture. ……………… お絵かきしよう。
Let's make something. ……… 何か作ってみよう。
Let's watch TV. …………………… テレビを見よう。
Let's sing a song. ………………………… 歌を歌おう。
Let's clean up. ……………………… お片付けしよう。
Let's eat snacks. …………… おやつを食べよう。
Let's go shopping.…………………… 買い物に行こう。
Let's go out.…………………………… 外へ出かけよう。
Let's take a bath. …………………… お風呂の時間よ。

Why ～？（なぜ～なの？）

Why do you want it? ………… なぜそれがほしいの？
Why do you want to go there? ……………………… なぜそこに行きたいの？
Why do you like it? ………… なぜそれが好きなの？
Why do you think so? ………… なぜそう思うの？

What ～？（～は何？）

What is this? ………………………………… これは何？
What is that? ………………………………… あれは何？
What are you doing?……………………… 何してるの？
What are you looking for? …… 何を探しているの？
What are you thinking? ………… 何を考えてるの？
What do you want? ………………… 何がほしいの？
What do you want to eat? ……… 何が食べたいの？
What do you want to watch? ……… 何が見たいの？
What do you want to wear? ……… 何が着たいの？
What did you say?………………… なんて言ったの？
What did you buy?……………………… 何を買ったの？
What did you see?……………………… 何を見たの？
What can you make?………………… 何が作れるの？
What can you cook?……………… 何が料理できるの？
What time is it now? ………………………… 今何時？
What time does it start? ………… 何時に始まるの？
What day is it today? ……………… 今日は何曜日？

日常生活で言ってあげたいとっさの一言

優しい子になる一言

Are you OK (alright)? ……………… だいじょうぶ？

子どもを持つお母さん達に「わが子にはどんな子になってもらいたいか」というアンケートをとると、「思いやりのある優しい子」というのが圧倒的に多いそうです。

子どもが転んだり、頭を打ったり、何かを落としたりした時、とっさにゆったりと声をかけてみましょう。

お母さんが日常こんな言葉をいつも子どもにかけてあげると、周りの出来事に関心を持ち、思いやりの気持ちが育つかもしれません。

チャレンジ精神を育てる一言

Try it. …………………………………… **やってみたら。**

チャレンジ精神、これも日本人に欠けているなと思うことの1つです。人に迷惑をかけたくないと思う気持ちから、冒険を恐れることころがありますね。

でも、やってみなければ分からないことの方が多いのです。子どもには大いにチャレンジさせ、チャレンジを恐れない気持ちを育てましょう。

自分に自信が持てる一言

You can do it. ……………… **あなたならできるわよ。**

発表会の前や運動会の前など人前で何かをしなければならない時って、すごく緊張しますね。日本人は、失敗を恐れるところがあります。「頑張らなくちゃ」と思う気持ちがプレッシャーになったりします。そんな時、子どもに自信を持たせるために、ちょっと欧米的な発想でこんな言葉がけをして、「できるんだ」という暗示をかけてあげましょう。

考える力を育てる一言

Why? ………………………………… どうして？

日本の教育で欠けているなと思うのが、考えさせる教育です。学校の授業では、ほとんどが暗記中心でしたね。でも、これからの社会で必要になるのは考える力です。そして、「考える力」を育てるには幼児期からの訓練が大切です。

子どもが何か言ってきた時、なぜそうしたいのか、なぜそれがいるのか、なぜそこに行きたいのか、なぜそれが好きなのか、まず聞いてみましょう。

答えるのは日本語でも、子どもには考える訓練になりますから。

何か起こった時の一言

What happened? ……………………… なにがあったの？

自分が見ていなくて、何が起こったのか分からない時に使います。例えば､床がびしょ濡れになっているとか、物が壊れているとか、状況を知るための言葉です。

危ないことをやめさせる一言

Stop! ……………………………………………… やめて！

Freeze! ……………………………………………… とまれ！

日本語では､「ダメ！」と言ってしまうような場面で、とても便利な言葉です。「ダメ！」のように叱られたような気はしません。悪気なく悪いことや危ないことをしてしまった時など、ぜひ使ってみましょう。

なお、freeze は凍るという意味ですが、欧米ではよく使われます。昔アメリカに留学していた若者が、ハロウィーンのとき仮装していたために、地元の人に警戒され、“Freeze!” と言われたのに意味が分からず近づいたために、射殺されてしまったという痛ましい事件がありました。覚えておいてほしい言葉です。

できたことを褒める一言

You did it! ……………………………… **やったね！**

トライしたことがうまくいった時、発表会でうまくできた時など、一緒に喜んであげましょう。こんな言葉をかけて、ハイファイブやハイテン（両手でタッチ）をしてあげたら、子どももきっと喜びます。

注意を促す一言

Watch out! ……………………………… **あぶない！**

よそ見をしていて何かにぶつかりそうだとか、段差に躓きそうだとか、危ないと思うようなことがあった時の言葉です。とりあえず大きな怪我になる心配のない時は、英語で声をかけてみてもいいですね。

理由が分からない時の一言

What's the matter? …………………… **どうしたの？**

理由も分からず子どもが泣き出したとか、子どもが喧嘩しているとか、その理由を知りたい時などに使います。

子どもをハッピーにする一言

I love you. ……………………………… **愛してるよ。**

I'm proud of you. ………… **あなたを誇りに思うわ。**

日本ではほとんど口に出して言わない言葉ですね。

“I love you.”

は、欧米では男女間だけでなく、親子でも頻繁に使われます。

また、I'm proud of you. は親子の関係をしっかり意識させながらの褒め言葉で、ここぞという時に、ぜひ使っていただきたい言葉です。

「愛してるよ」も「誇りに思う」と言い方も、日本語ではちょっと照れくさいかもしれませんが、英語では、軽い気持ちで言えるような気がしませんか？

この本に書ききれなかった子育て英語フレーズは、先にご紹介した『Cheer up!　English　子ども英語　http://english.cheerup.jp/Tag/kids』の「超簡単！　英語育児を通して学ぶ日米流子育てのコツ」に掲載していますので、ご参考になさってください。

他にも、子育て英語のCD付き会話本も出ていますから、参考にされるといいでしょう。

〈参考になる会話本〉

・『起きてから寝るまで子育て英語表現６００』吉田研作著（アルク）

・『ヘンリーおじさんの英語で子育てができる本』ヘンリードレナン著（アルク）

・『井原さんちの英語で子育て』井原香織著（学習研究社）

おわりに

サラリーマン時代も含めると、子どもの英語教育に携わって、いつの間にか30年以上の月日が経ちました。

ただこの30年は、私にとって決して平たんな道のりではありませんでした。

外資系英会話スクールのマネージャーとして6年勤めた後、自ら会社を興して始めた英会話スクールが、ようやく軌道に乗り始めた矢先の創業7年目、阪神淡路大震災に遭遇したからです。

当時5校あった会員制スクールのうち、4校が兵庫県下だったため、スクールの閉鎖や縮小を余儀なくされ、自分達の当初の計画や夢は諦めざるを得ない状況に追い込まれました。それは私にとって人生で初めての大きな挫折でした。

でも、その代りに、人生を深く考える機会を与えられ、生きていられたことに感謝し、多くの気付きを得ることができました。

私が今、英語教育だけでなく、人間教育にも自信を持って取り組めるのは、この長く苦しい試練を乗り越えられたからと言っても過言ではありません。

そんな経験から、私の英語教育の根底にあるのは、子ども達に、どんな世界やどんな社会ででも、何があっても、強くたくましく自分の人生を生きてほしいという願いです。

教師としての視点では深く子ども達を見据え、経営者としての視点では常に未来の社会を見据え、さらに、外国人講師を通じて日本文化とは正反対とも思える欧米文化にも触れてきました。

そのことは、単に言葉を教えるだけのスクールではなく、私に遠くを見る目と広い視野を持って、子ども達の教育を考えるというスタンスを与えてくれたと思っています。

時代はどんどん変わり、幸いなことに、ようやく政府が本格的に教育改革に乗り出しました。これから日本の教育が大きく、良い方向へ変わっていくことを期待したいと思います。

でも、どんなに学校教育が変わっても、日本に住みながらバイリンガルになるのは、そうたやすいことではありません。時間もかかりますし、本人の努力も必要になります。ですから、なんとか英語を好きになってもらいたいというのが、１９８８年にスクールをスタートした時から変わらない、私の一貫した思いです。好きだと思えば、学ぶことが苦痛ではなくなりますし、自分から積極的に学んでくれるからです。

この本が、そのためのお役に立てることを心から願っています。


ここで、どうしてもお伝えしておきたい大切なお話があります。

私は、幼児期からのバイリンガル教育をお勧めしていますが、それは、決して英語ができるだけの国籍不明の人間を育てようということではありません。

何よりも大切なのは、日本人としてのアイデンティティです。

そのうえでツールとして英語を使いこなせる人になってほしいということなのです。

ですから、家庭で英語教育をすると同時に、当然ですが日本語にも関心を持って、きれいな日本語を使うように心がけてください。また、日本の絵本も読み、日本の行事も子どもと一緒に楽しんでください。

バイリンガルになって海外に行けば、必ず日本のことを聞かれます。その時、日本人として日本のことを何も知らなければ、相手にされなくなってしまいます。

英語が話せることが大切なのではなく、英語で何を伝えるかということ、伝える中身があることが大切なのです。そのことをどうか忘れないで、英語教育に取り組んでください。

最後に、私に豊富な経験を与えてくれたたくさんの子ども達と、多大な信頼を寄せてくださったご両親達、真面目に英語教育に取り組んでくれた外国人講師達、私の一番の理解者である夫、そして、この本を出版するチャンスを与えてくださった、彩図社の大澤泉さんに心から感謝いたします。

平川　裕貴

本書に登場した本・教材・サイト・You Tube 一覧

〈参考図書〉

・井原香織著『井原さんちの英語で子育て』（学習研究社）
・大川翔著『ザ・ギフティッド』（扶桑社）
・坪谷ニュウエル郁子著『世界で生きるチカラ』（ダイヤモンド社）
・ヘンリードレナン著『ヘンリーおじさんの英語で子育てができる本』（アルク）
・吉田研作著『起きてから寝るまで子育て英語表現６００』（アルク）

〈教材類〉

・『Learn to Read』（CTP）
・『Oxford Reading Tree（ORT）』（Oxford）
・『Oxford Very First Dictionary』（Oxford）
・『Wee Sing Children's Songs and Fingerplays』（Price Stern Sloan）
・『Reading & Math Jumbo workbook pre-K』（SCHOLASTIC）

- 『Reading & Math Jumbo workbook gradeK』（SCHOLASTIC）
- 『FIRST LITTLE READERS 』（Scholastic）
- 『Sight Word Readers』（Scholastic）
- 『Folk & Fairy Tale Easy Readers』（Scholastic）
- 『BIG PRESCHOOL workbook』（school zone）
- 『BIG PRESCHOOL Activity workbook』（school zone）
- 『BIG ALPHABET workbook』（school zone）
- 『BIG KINDERGARTEN workbook』（school zone）
- 『BIG FIRST GRADE workbook』（school zone）
- 『The Usborne Picture Dictionary』（Usborne Publishing Ltd）
- 『BRAIN QUEST P（preK）』（WORKMAN PUBLISHING）
- 『BRAIN QUEST K』（WORKMAN PUBLISHING）

〈参考サイト〉

- SweetHeart　お薦め英語絵本 …………………… http://www.sweetnet.com/picturebook.htm
- 多聴多読絵本
  （『多聴多読ステーション』内）…………… http://www.kikuyomu.com/ehon/index.php

・１２３Greetings ……………………………… http://www.123greetings.com/
・英語のゆずりん ……………………………… http://english.chakin.com/
・世界の民謡・童謡 worldfolksong.com　マザーグース・子供向けの英語の歌・キッズソング
…………… http://www.worldfolksong.com/kids/index.html
・子供と楽しく歌おう！　YouTube
～子供向け英語の歌のまとめ～……………… http://matome.naver.jp/odai/2133430165856235801
・子供と歌える英語の童謡歌詞の和訳 ………… http://kidssongs.blog.fc2.com/
・できるネット
（クロームキャスト接続）……………………… http://dekiru.net/article/4520/
・オンライン英会話
リップルキッズパーク………………………… http://www.ripple-kidspark.com/
・オンライン英会話 QQEnglish Kids …………… http://www.qqeng.com
・オンライン英会話キッズアイランド ………… http://kids-island.com/
・オンライン英会話
キッズスターイングリッシュ………………… http://www.kids-star.jp/
・オンライン英会話比較ナビ
「子供英会話／幼児英会話コースで比較」…… http://blog.livedoor.jp/online_english/
・オンライン英会話スクール比較サイト
子供向け英会話コースありのスクール…… http://eigokoryaku.com/school/school_50_childcourse.html

・グローバルキッズ養成塾……http://globalkidz.jp/
・井原さんちの英語 de 子育て……http://try.eigode.info/?pid=18408025
・日本バイリンガル子育て教会 JARBC……http://jarbcblog.blogspot.jp/
・読んで身に付く英語勉強法マガジン
English Cheer up!「子ども英語」……http://english.cheerup.jp/Tag/kids
・みんなで学ぶＮＨＫ語学フレーズゴガクル……http://gogakuru.com/charo/

〈子ども向け海外英語サイト（学習用）〉

・Nick Jr.……http://www.nickjr.com/
・Starfal……http://www.starfall.com/
・Bob the Builder……http://www.bobthebuilder.com/usa/index.asp
・Barbie……http://www.barbie.com/en-us
・Learn English Kids……http://learnenglishkids.britishcouncil.org/ja/
・BBC KS1 Bitesize……http://www.bbc.co.uk/bitesize/ks1/

〈You Tube〉

【レッスン】

・ELF Kids Videos……http://www.youtube.com/user/omigrad

- Learning English ………… http://www.youtube.com/channel/UC8pPDhxSn1nee70LRKJ0p3g
- Fun English ………… http://www.youtube.com/user/KidsOnlineEnglish
- Super Why

【歌】

- Kids TV123 ………… http://www.youtube.com/user/KidsTV123
- ABC Kid TV ………… http://www.youtube.com/channel/UCbCmjCuTUZos6Inko4u57UQ
- Little Baby Bum ………… http://www.youtube.com/user/LittleBabyBum
- Majic Box English Kids Channel ………… http://www.youtube.com/user/MagicboxEngRhy
- Busy Beavers ………… http://www.youtube.com/user/wearebusybeavers
- Mother Goose Club ………… http://www.youtube.com/channel/UCJkWoS4RsldA1coEIot5yDA
- Super Simple Songs ………… http://www.youtube.com/user/SuperSimpleSongs
- HookedOnPhonicsTV ………… http://www.youtube.com/user/HookedOnPhonicsTV
- Peppa Pig
- Ben and Holly's Little Kingdom

〈英語能力テスト〉

- 国連英検 …………………… http://www.kokureneiken.jp/
- 国連英検ジュニアテスト …………………… http://www.kokureneiken.jp/junior/
- 英検（日本英語検定協会） …………………… http://www.eiken.or.jp/eiken/
- 児童英検（日本英語検定協会） …………………… http://www.eiken.or.jp/jr_step/
- TOEFL …………………… http://www.ets.org/jp/toefl
- TOEIC …………………… http://www.TOEIC.or.jp/

〈ホームステイ&留学〉

- ココア留学情報 …………………… http://www.55a.info/
- All About　親子留学に関する情報 …………………… http://allabout.co.jp/gm/gc/431049/

【著者略歴】

平川 裕貴（ひらかわ・ゆうき）

日本航空CA、外資系英語スクールマネージャーを経て、1988年に子ども英語スクールリリパットを神戸と大阪に開校。2006年、インターナショナルプリスクール（英語の幼稚園型スクール）リリパット・リトル・キンダーを設立。英語教育と人間教育に取り組み、現在3～6歳までの子どもを、幅広い視野と思いやりを持ったバイリンガルに育てている。
また、長年欧米文化に触れてきた経験から、日本と欧米の優れた点を取り入れたしつけを提唱。スクール経営の傍ら、これまでに得た教訓や知恵や知識を伝えるべく執筆活動を行っており、ママ向けサイト『IT Mama』や『ハピママ（ウレぴあ総研）』で、英語やしつけに関する記事を、英語学習者向けサイト『Cheer up English』で子育て英語フレーズのコラムなどを執筆している。近著『グローバル社会に生きる子どものための―6歳までにみにつけさせたい―しつけと習慣』（アマゾン）。フジテレビ『ホンマでっか!? TV』に子ども教育評論家として出演。

5歳からでも間に合う　お金をかけずにわが子を

バイリンガルにする方法

平成27年　1月15日第一刷
平成27年11月11日第四刷

著　者　平川裕貴

発行人　山田有司

発行所　〒170-0005
株式会社　彩図社
東京都豊島区南大塚3-24-4
MTビル
TEL：03-5985-8213　FAX：03-5985-8224

印刷所　新灯印刷株式会社

イラスト　イクタケマコト

URL http://www.saiz.co.jp　Twitter https://twitter.com/saiz_sha

---

ISBN978-4-8013-0046-0 C0082